Este cuaderno de matemáticas para preescolares está dividido
 en las siguientes partes:

Parte1: Trazos de líneas:
        Practica el trazado de líneas

Parte2: Aprender los números:
        Practicar el trazado de números del 1 al 10
        Contar y colorear objetos

Parte3: Aprender a sumar y restar
        Objetos matemáticos
        Antes, entre y después de los números
        Más y menos

Parte 4: Aprender a decir la hora

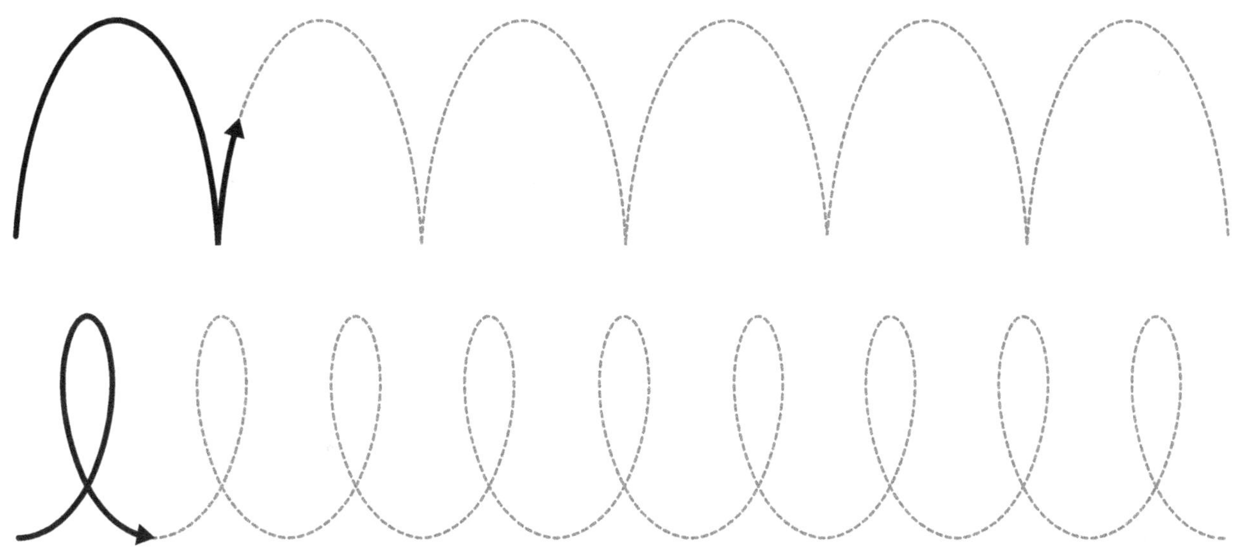

ESTE LIBRO PERTENECEN A:

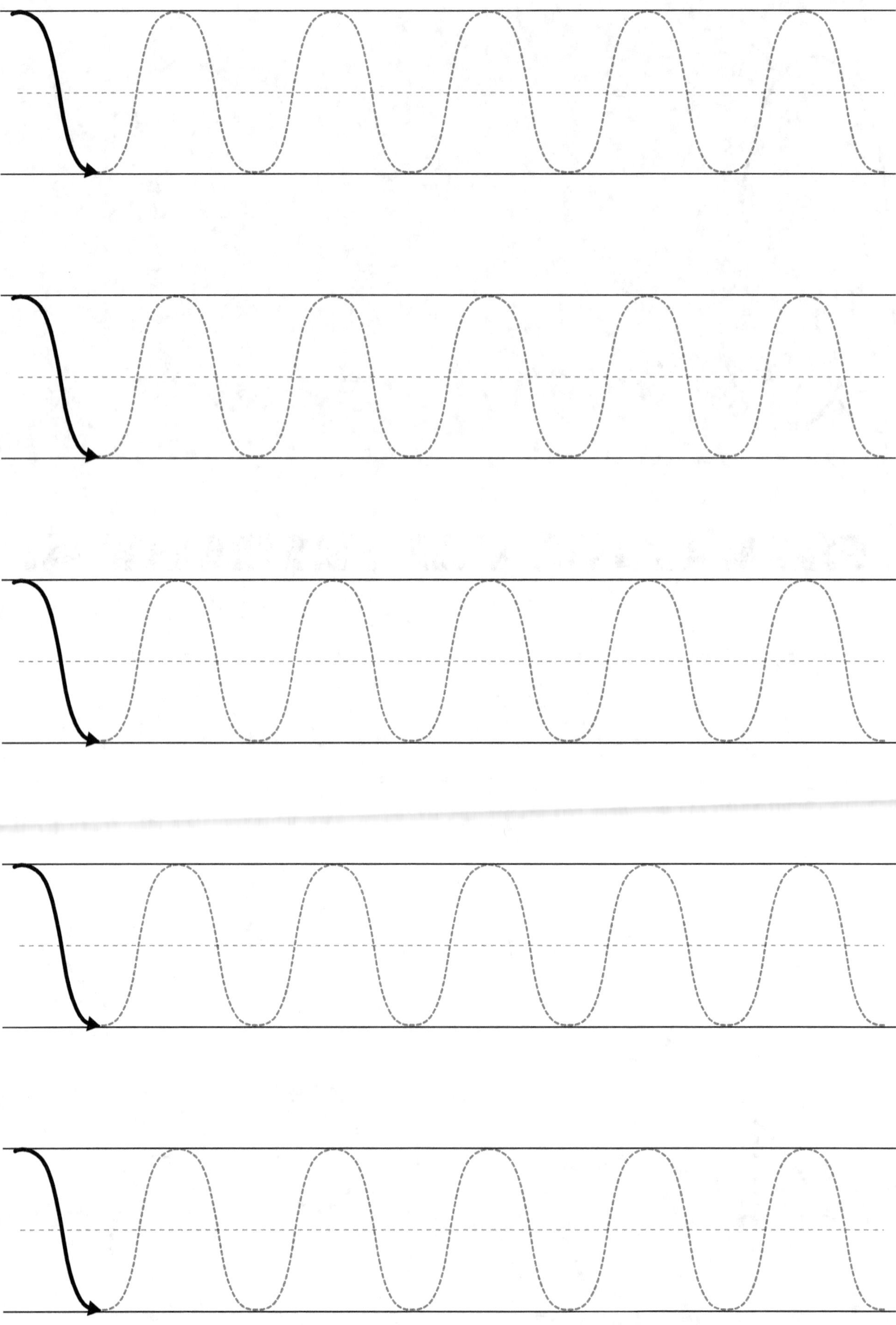

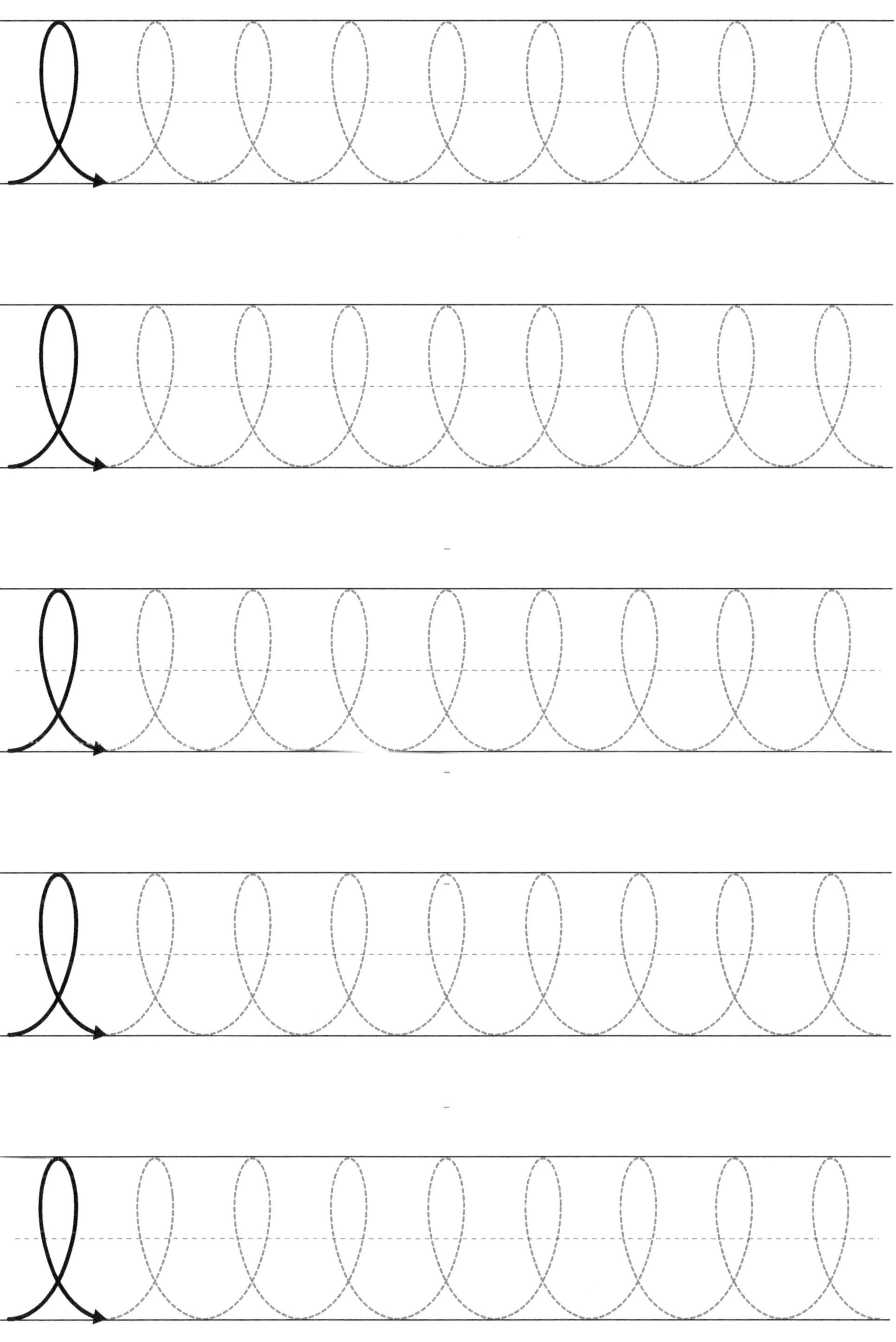

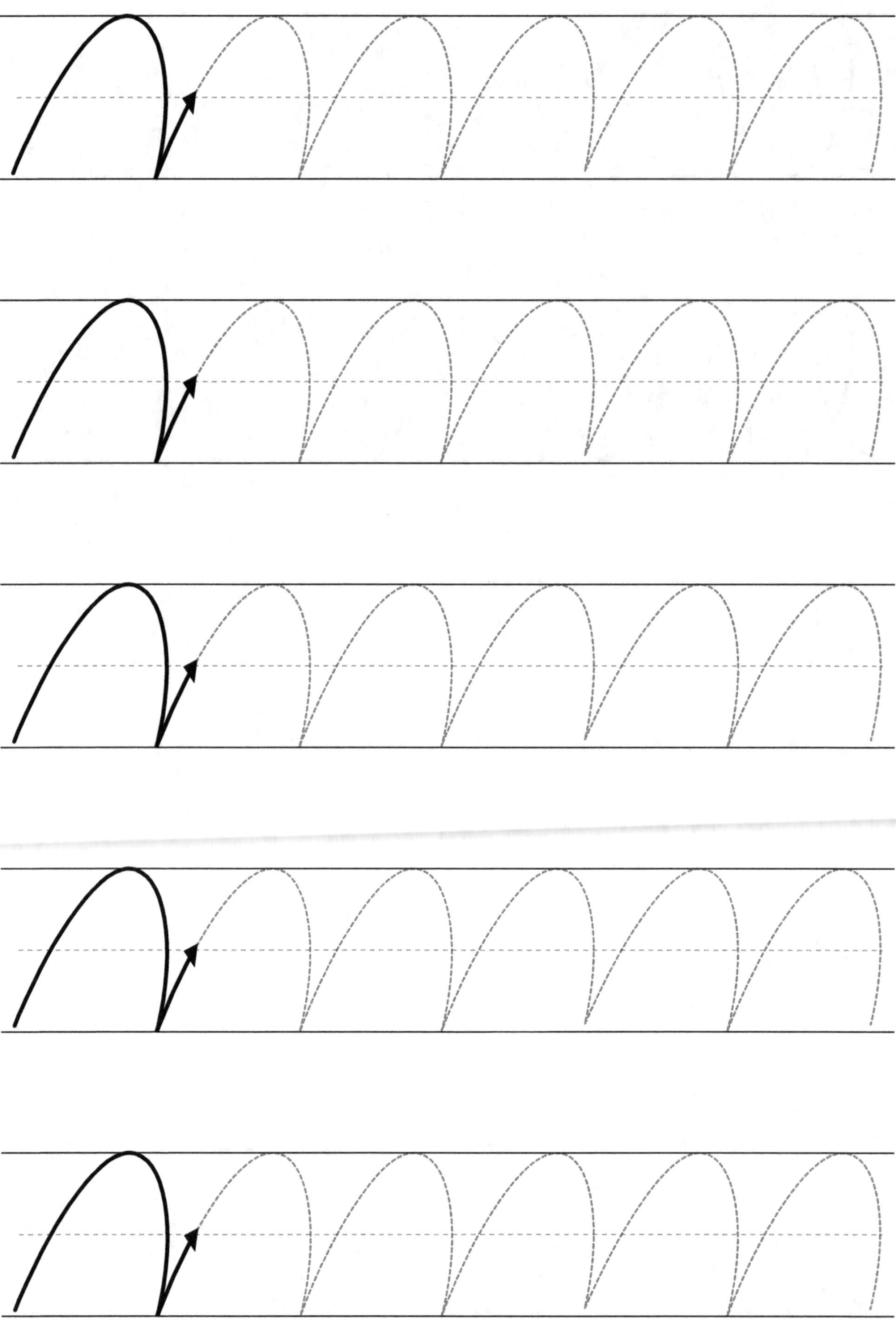

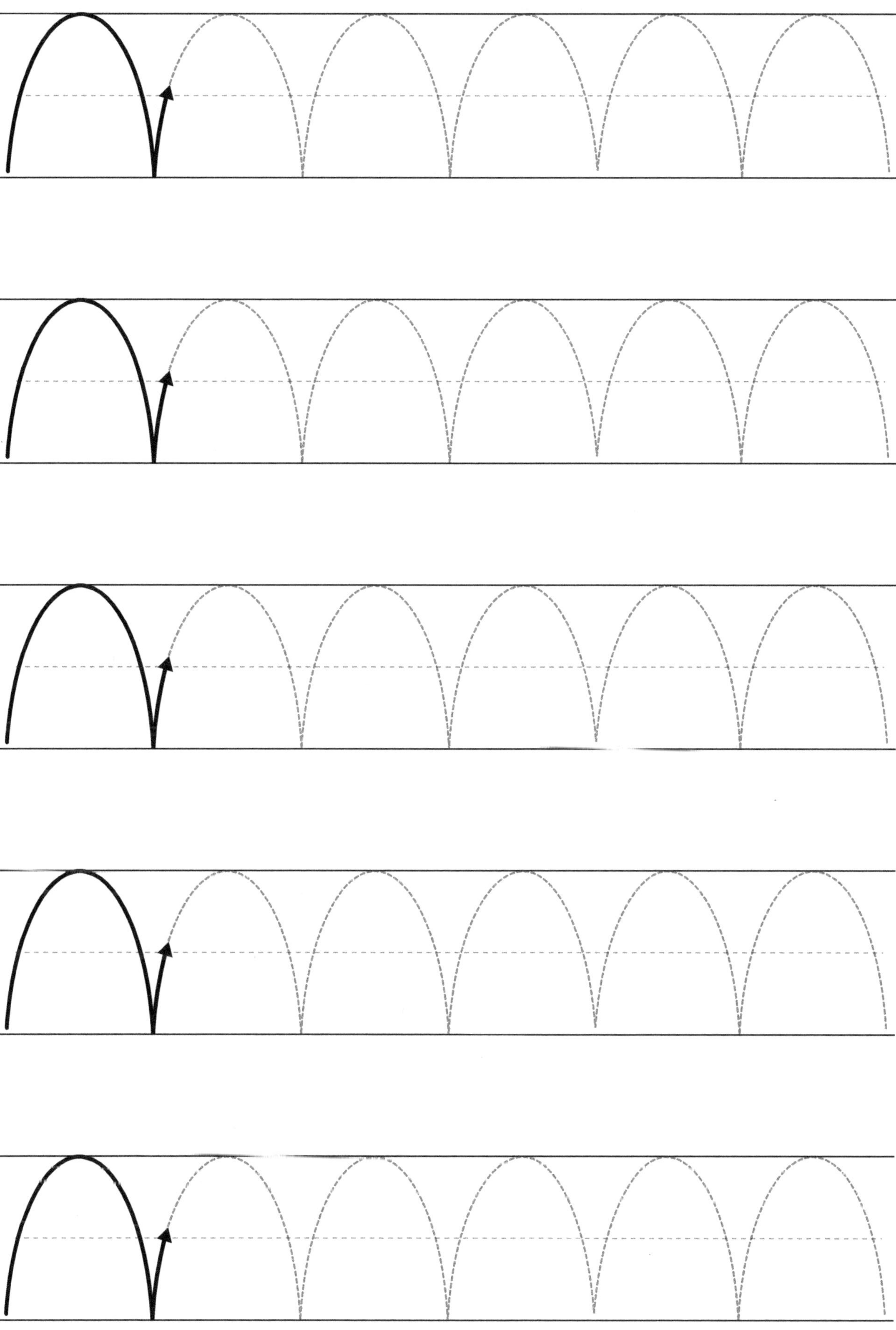

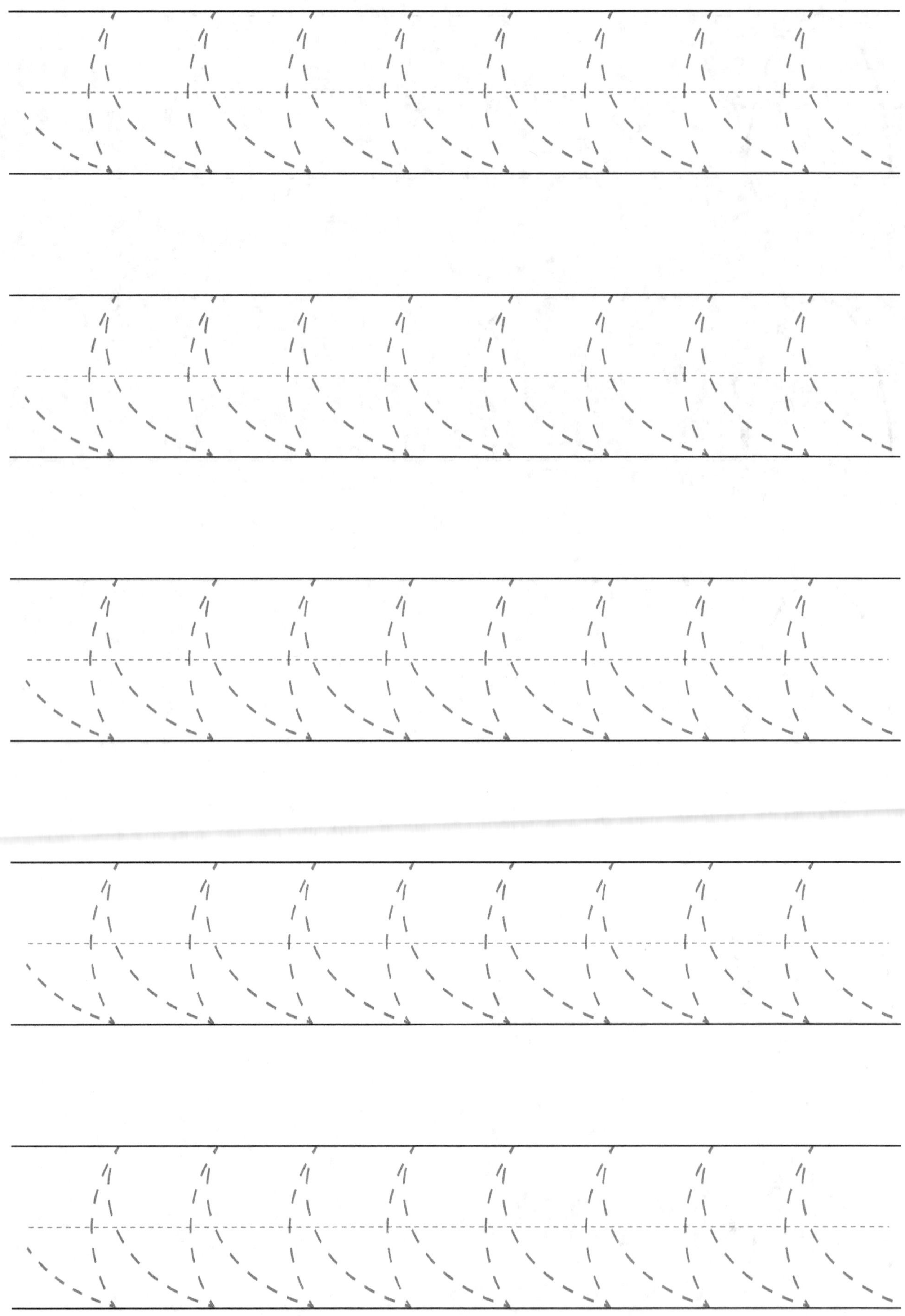

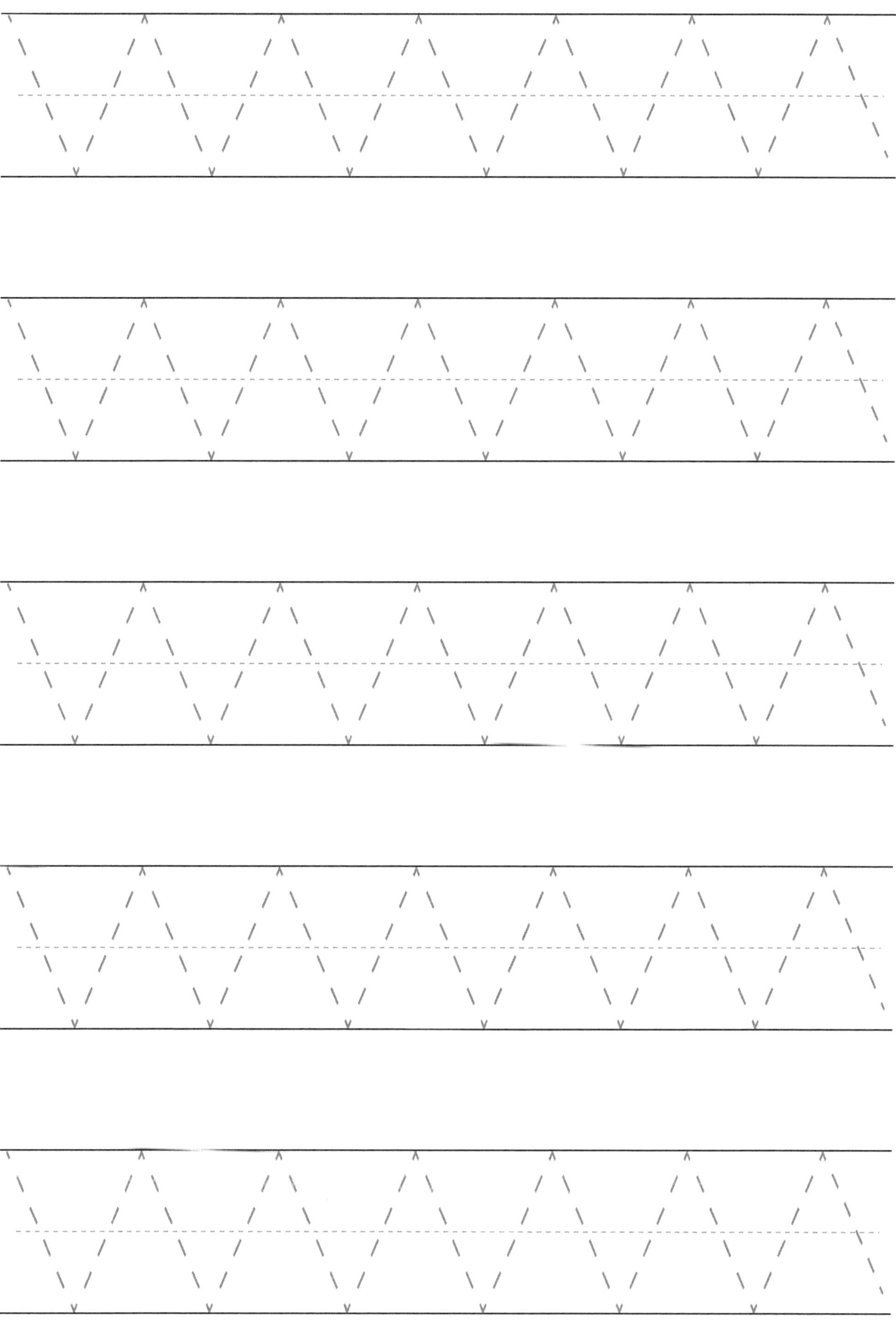

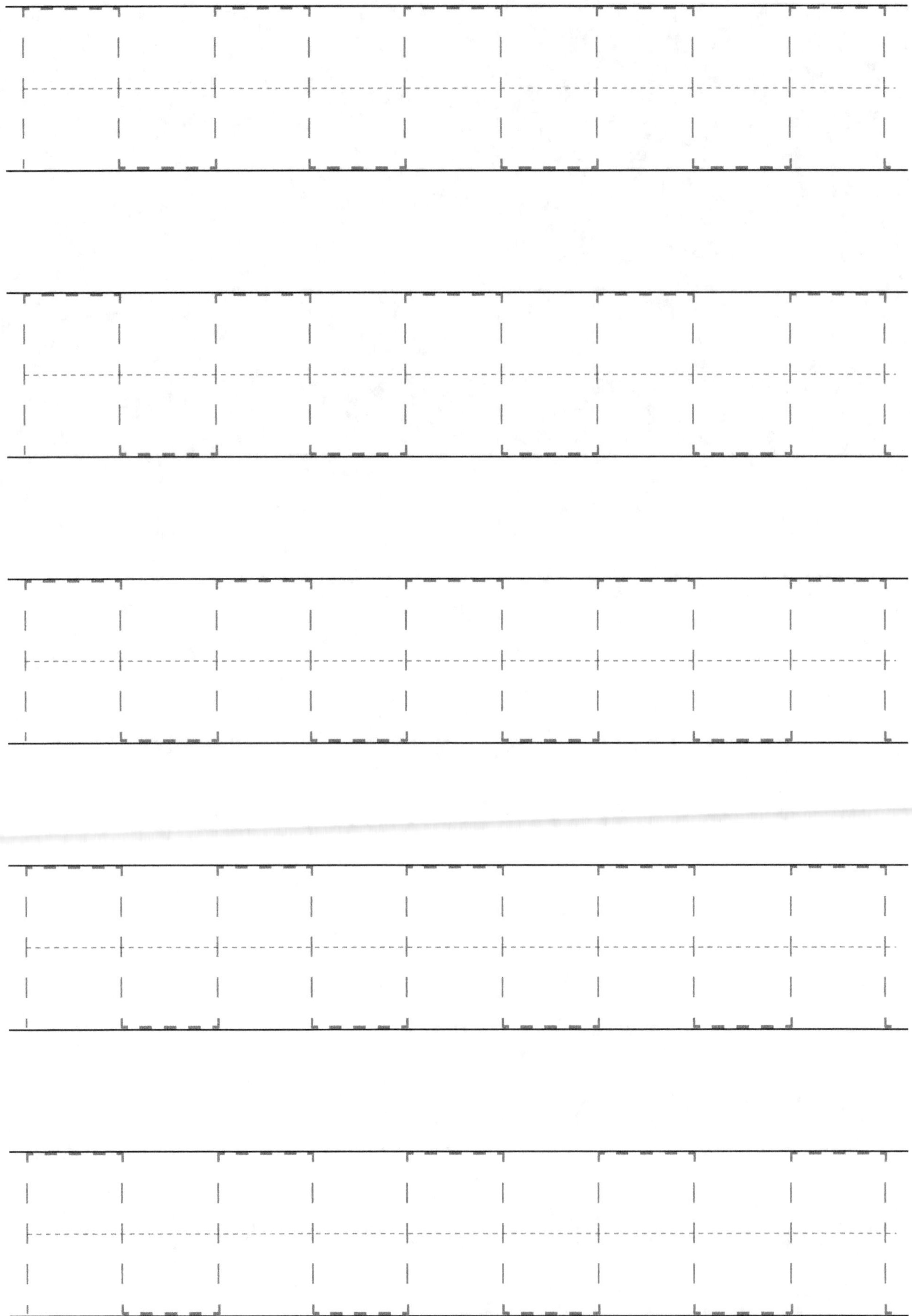

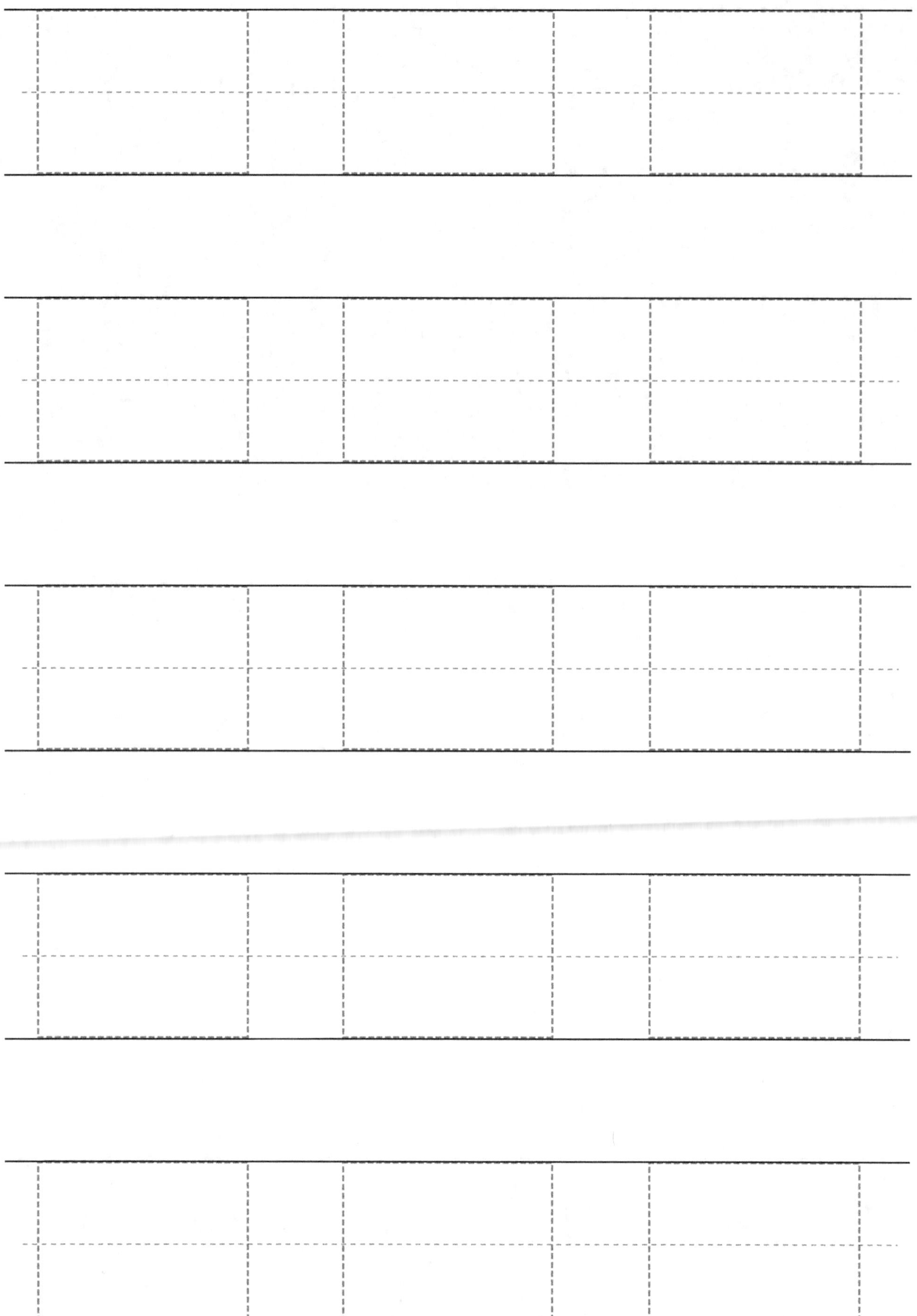

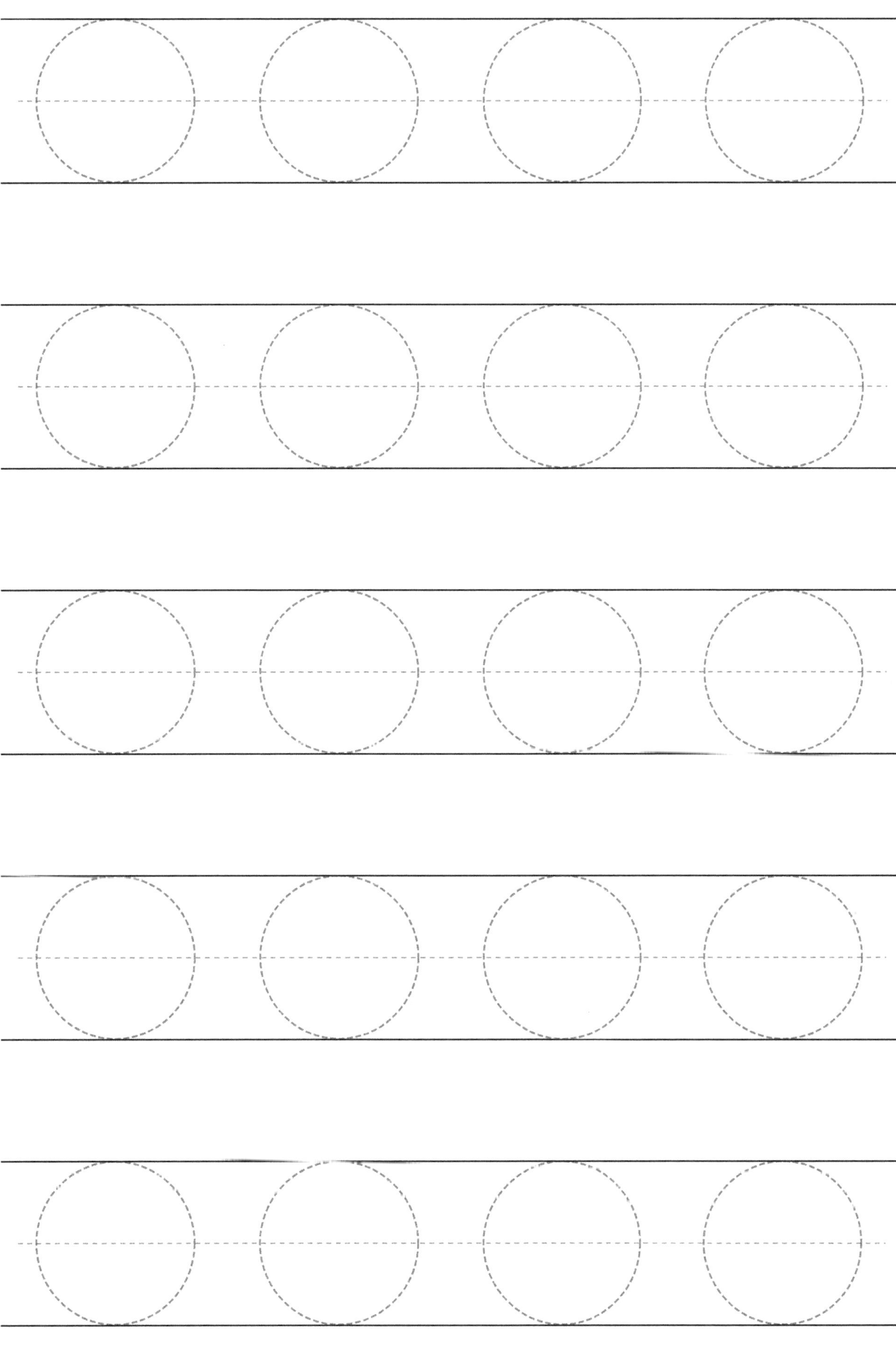

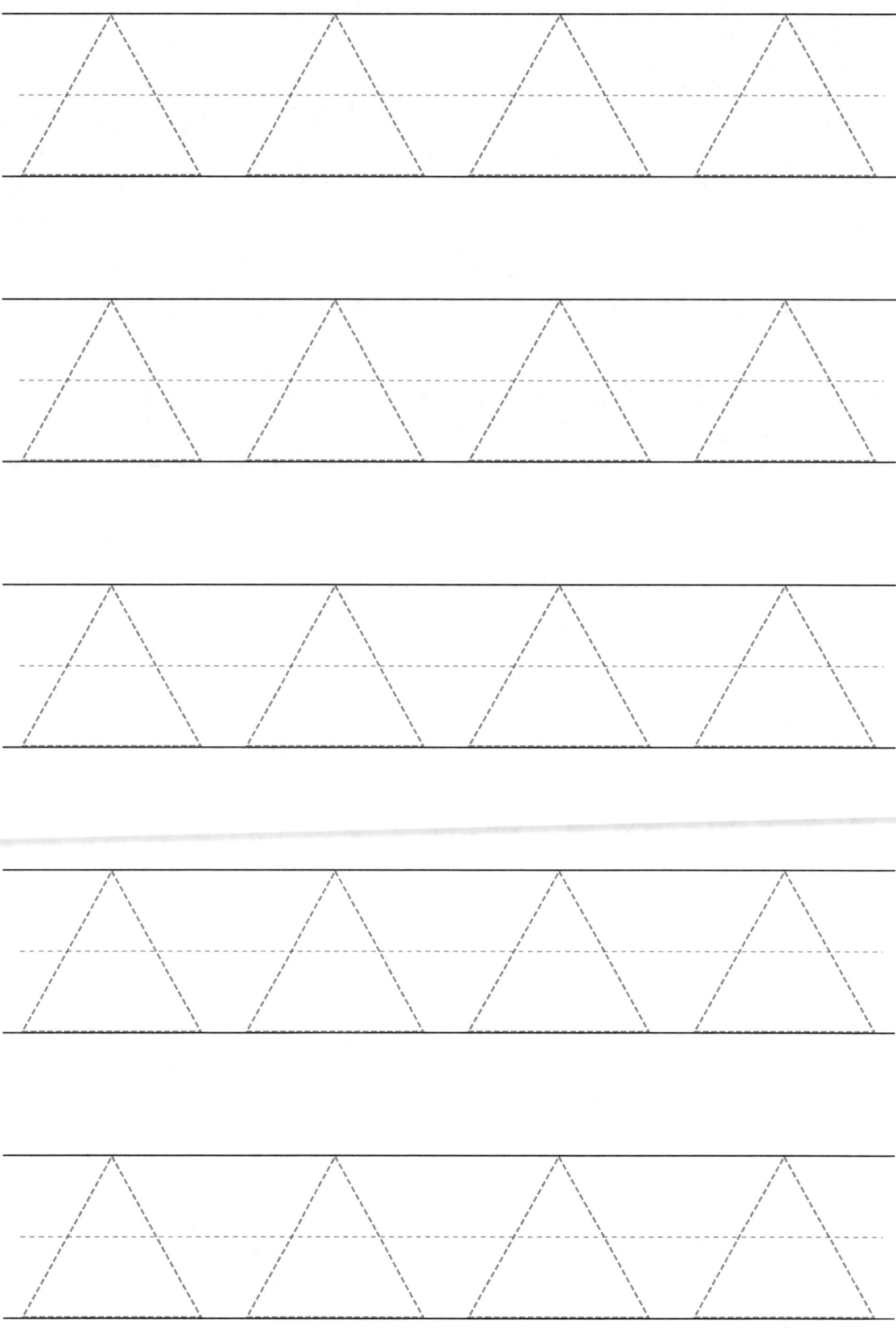

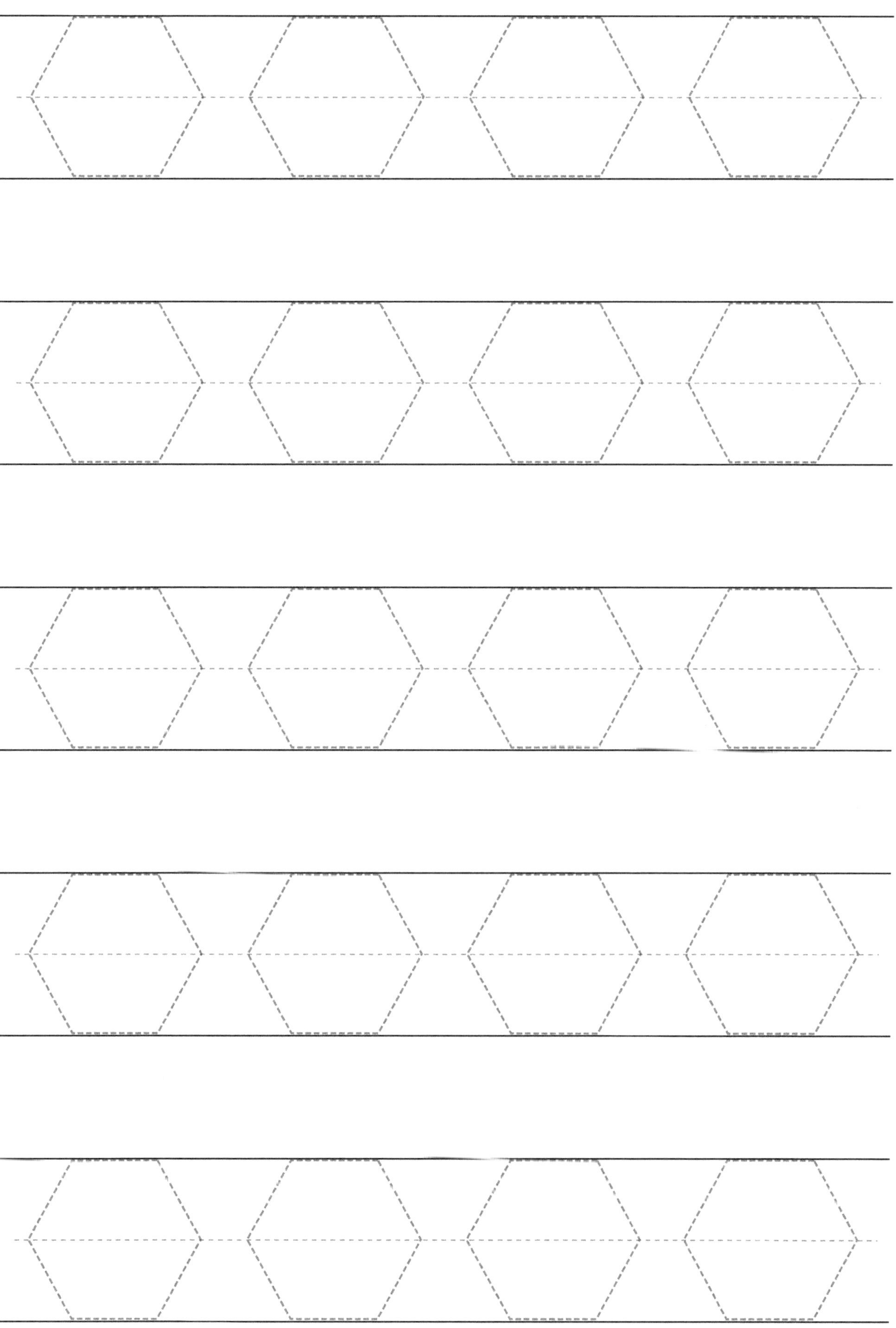

Traza y colorea las formas de las estrellas. ¿Cuántas estrellas cuentas?

Traza y colorea las formas de las estrellas. ¿Cuántas estrellas cuentas?

UNA

COLOR UNA RATAS

RODEA SÓLO EL NÚMERO UNO

1	3	5	6
4	6	2	4
1	5	4	1

Trazarlo

1 1 1 1 1 1

una   una   una

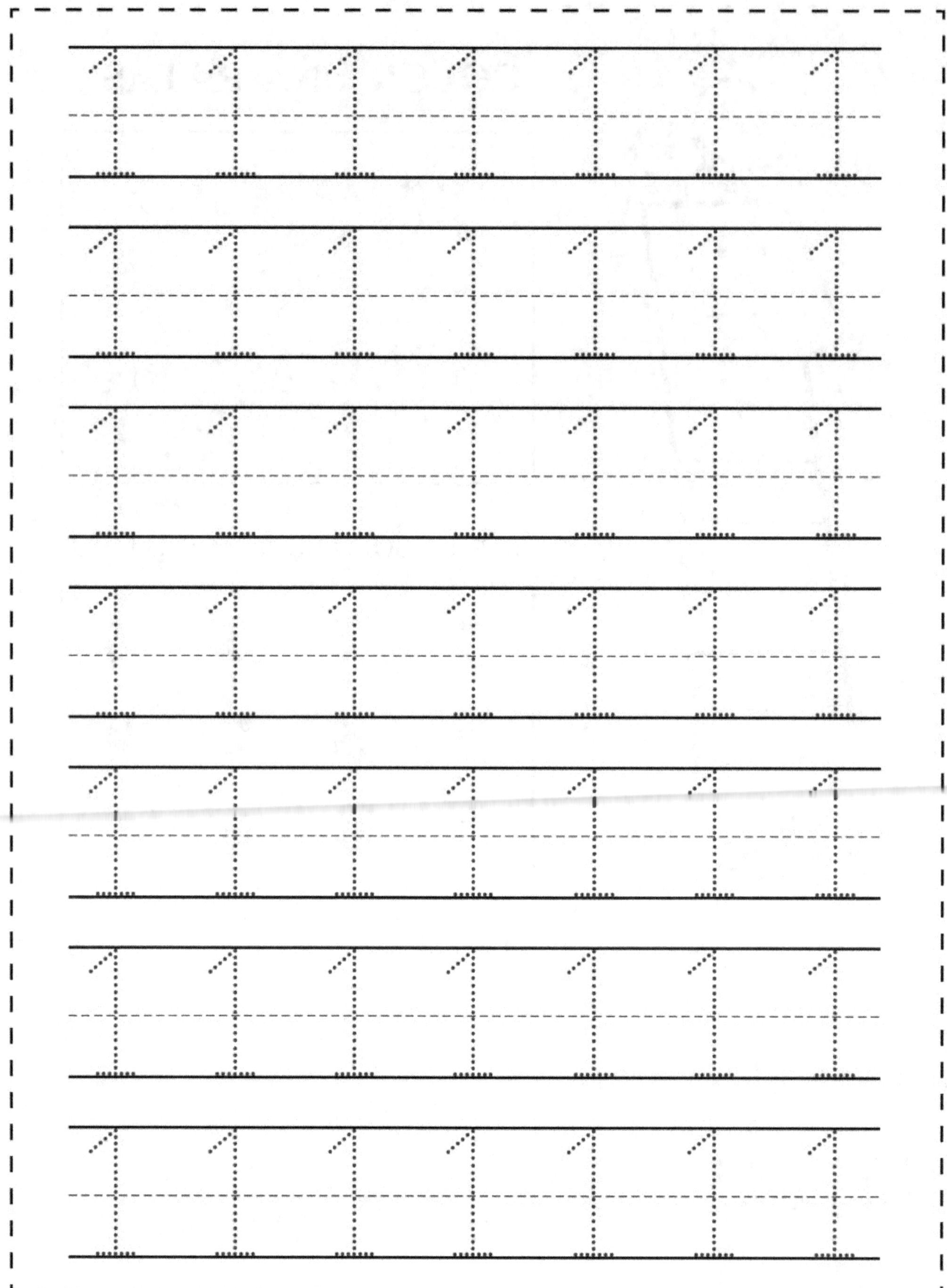

DOS

Colorear la tarta dos

Círculo sólo el número dos

5	2	5	8
1	9	2	7
2	5	6	1

Trazarlo

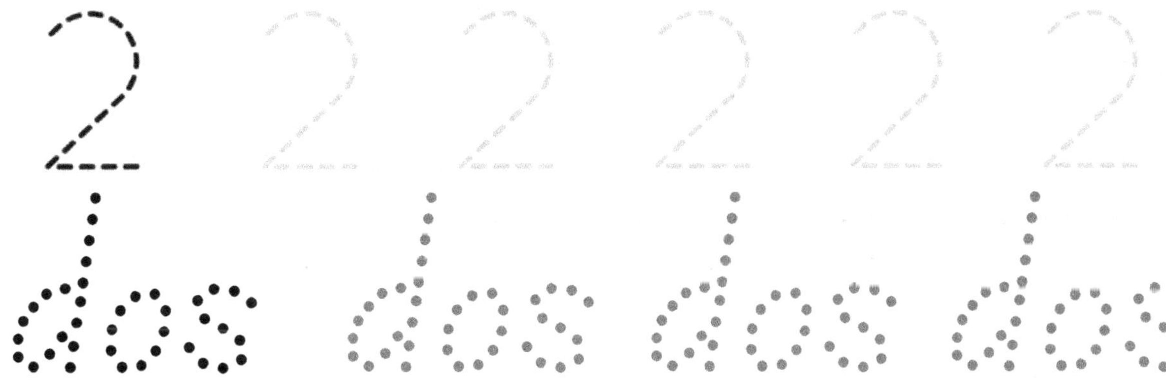

2 2 2 2 2 2 2

2 2 2 2 2 2 2

2 2 2 2 2 2 2

2 2 2 2 2 2 2

2 2 2 2 2 2 2

2 2 2 2 2 2 2

2 2 2 2 2 2 2

Colorea el globo tres

3

TRES

Rodea sólo el número tres

2	3	5	3
3	6	3	7
1	5	2	1

3 3 3 3 3 3

tres tres tres

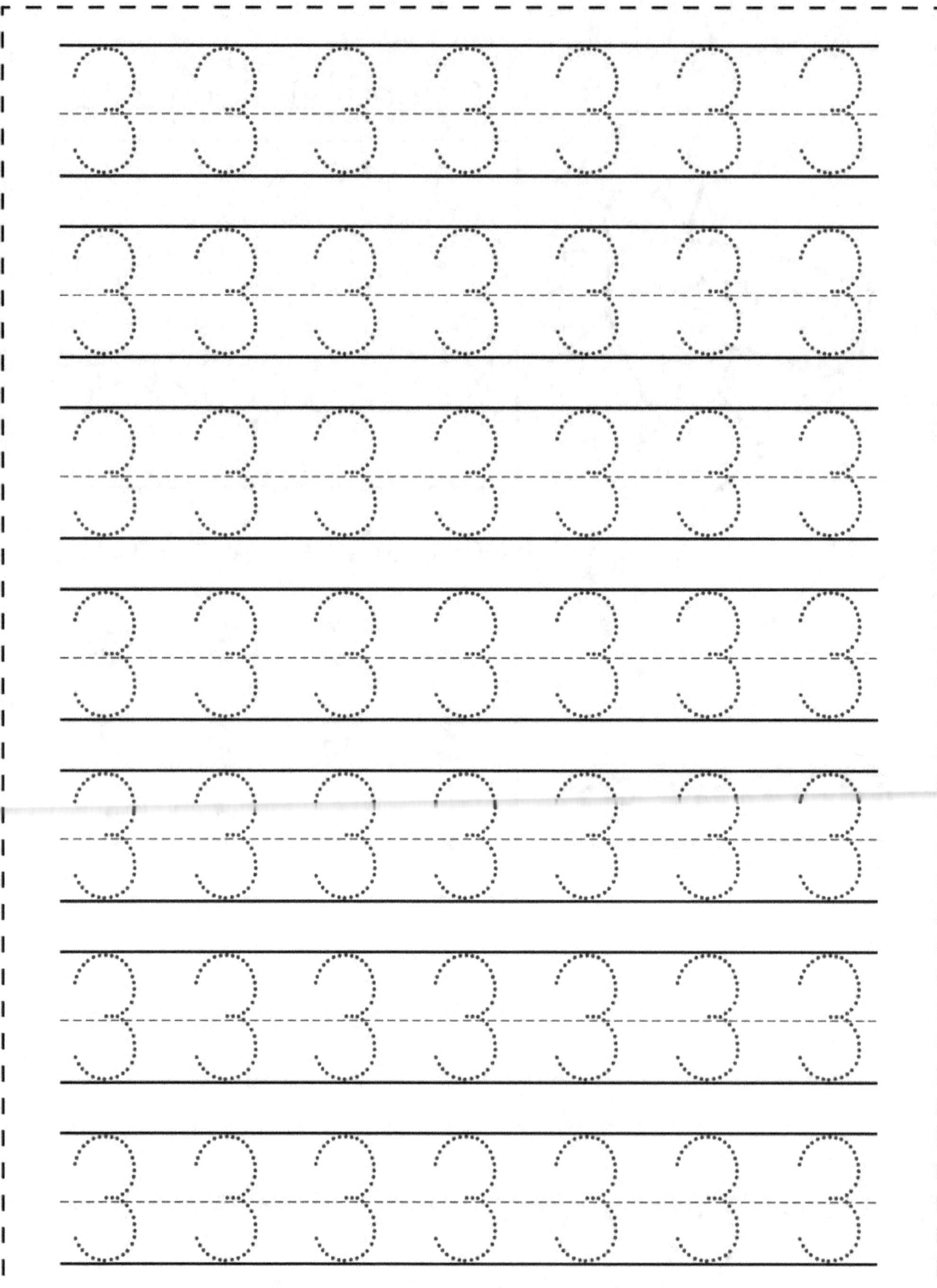

3	2	4	3
4	7	3	6
3	5	2	4

Trazarlo

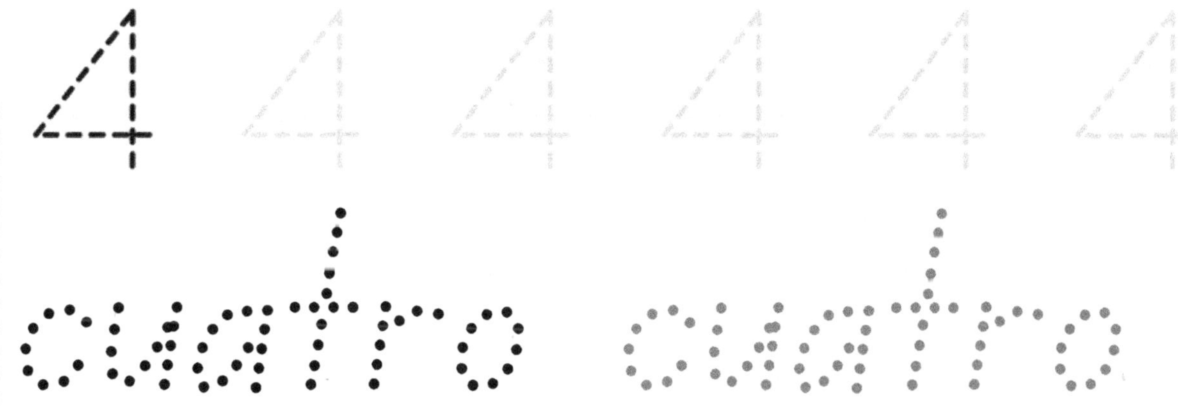

5

CINCO

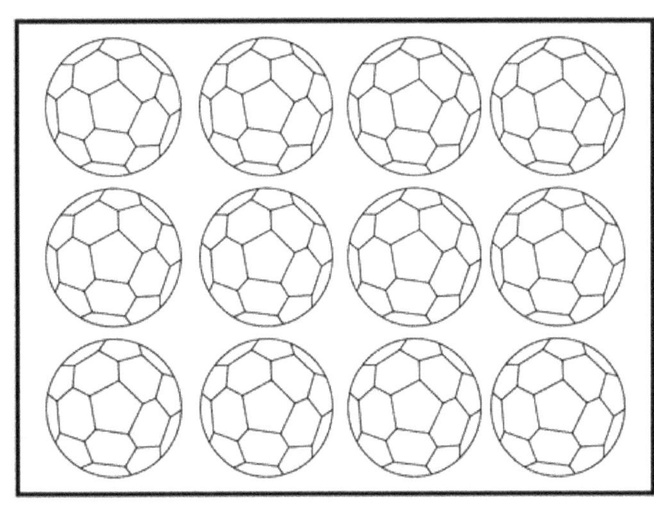

Rodea sólo el número cinco

3	2	4	6
4	5	3	5
5	4	3	6

Trazarlo

Estrella de color seis

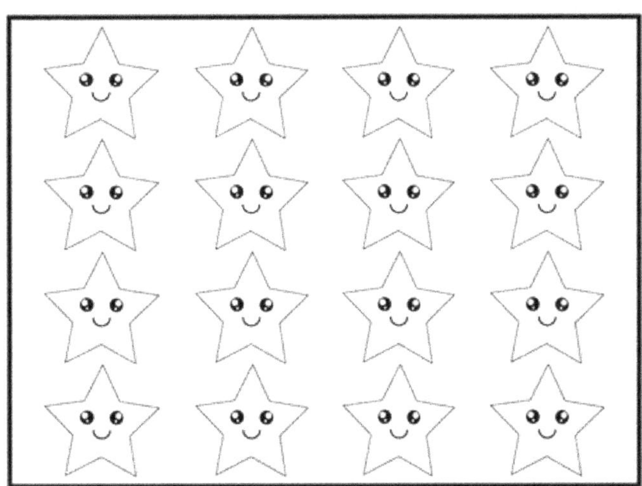

Rodea sólo el número seis

2	7	6	8
9	6	8	5
8	4	6	7

SEIS

Trazarlo

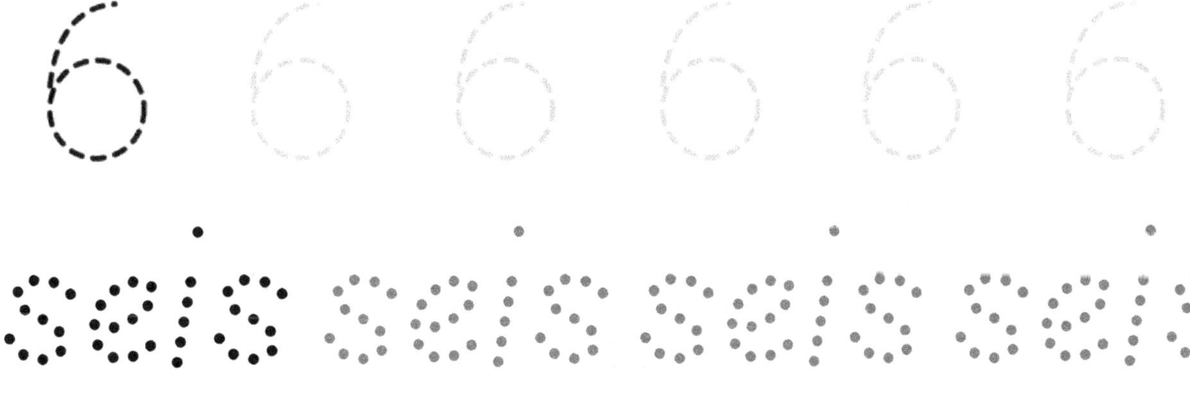

6 6 6 6 6 6

seis seis seis seis

6 6 6 6 6 6 6

6 6 6 6 6 6 6

6 6 6 6 6 6 6

6 6 6 6 6 6 6

6 6 6 6 6 6 6

6 6 6 6 6 6 6

6 6 6 6 6 6 6

SIETE

Globo de color siete

Rodea sólo el número siete

5	2	7	6
6	6	5	8
7	5	2	7

Trazarlo

7

siete siete siete

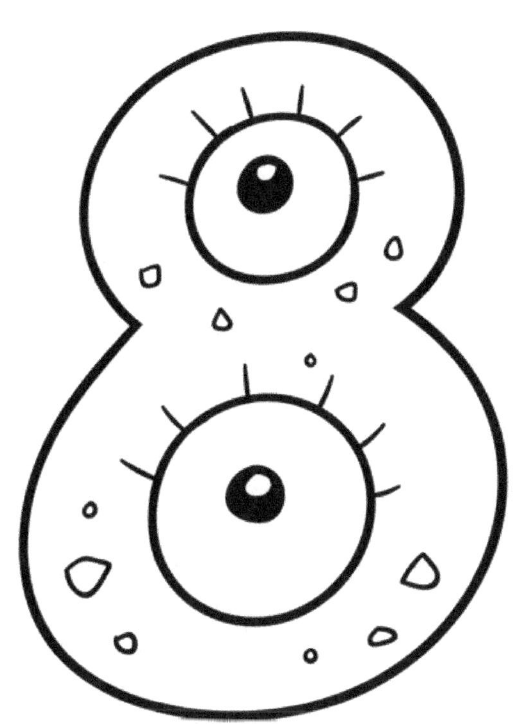

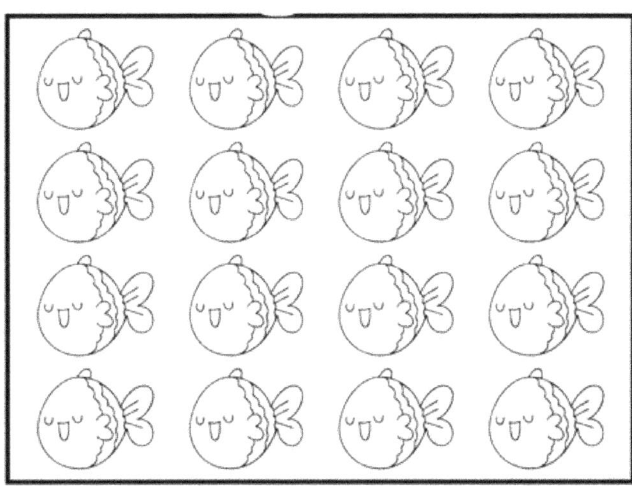

Colorear ocho peces

Rodea sólo el número ocho

4	2	4	9
9	8	5	8
4	5	8	9

OCHO

Trazarlo

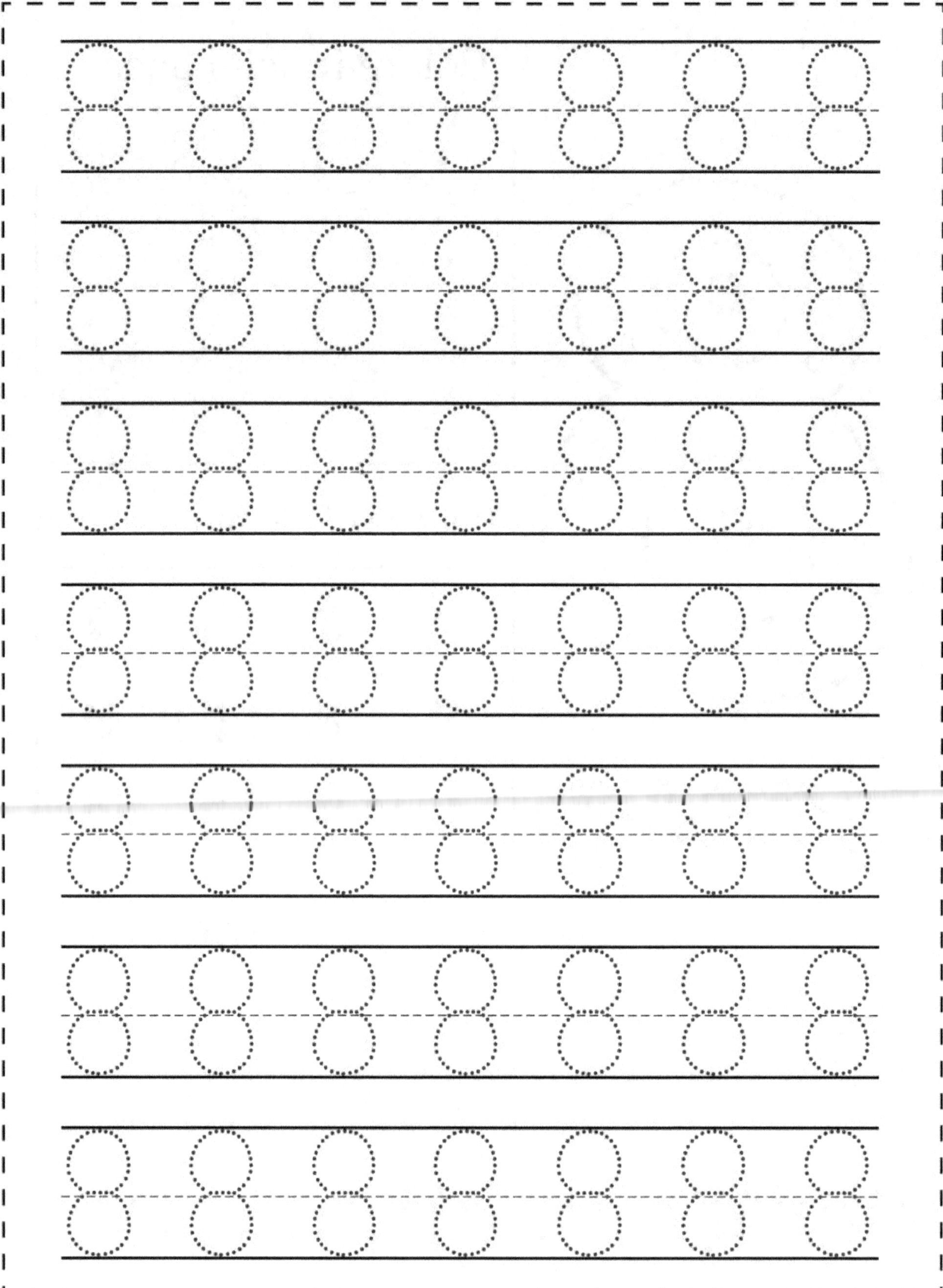

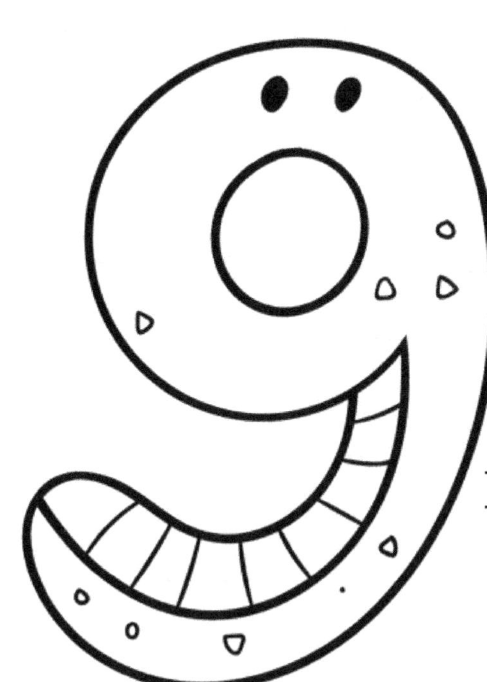

NUEVE

Color nueve luna

Rodea sólo el número nueve

3	9	4	8
6	4	3	6
3	9	8	9

Trazarlo

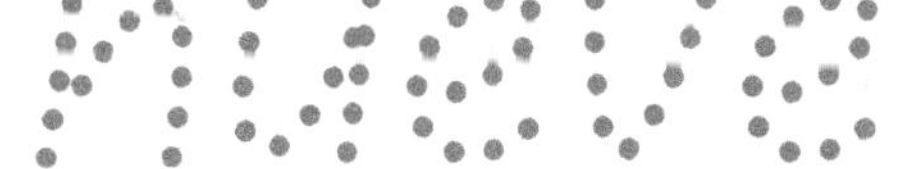

9 9 9 9 9 9 9

9 9 9 9 9 9 9

9 9 9 9 9 9 9

9 9 9 9 9 9 9

9 9 9 9 9 9 9

9 9 9 9 9 9 9

9 9 9 9 9 9 9

DIEZ

Rodea sólo el número diez

10	6	9	7	11
13	11	8	12	10
10	4	5	8	13

Colorea la manzana diez

Trazarlo

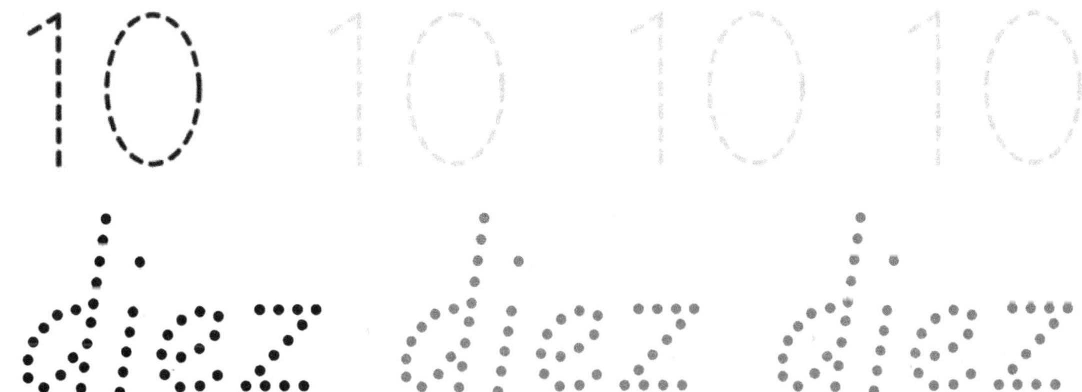

10 10 10 10 10

diez diez diez

10 10 10 10

10 10 10 10

10 10 10 10

10 10 10 10

10 10 10 10

10 10 10 10

10 10 10 10

Rodea todos los números 1

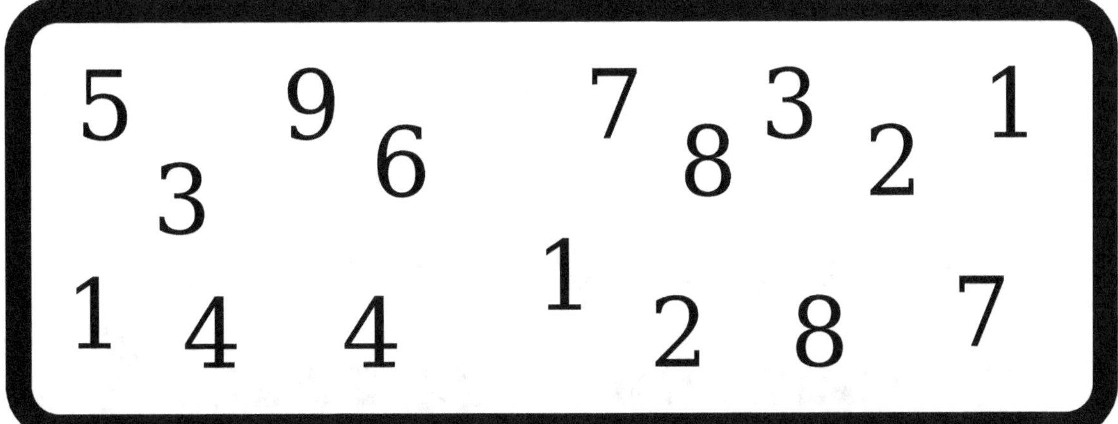

Saca tantas peras como cestas haya

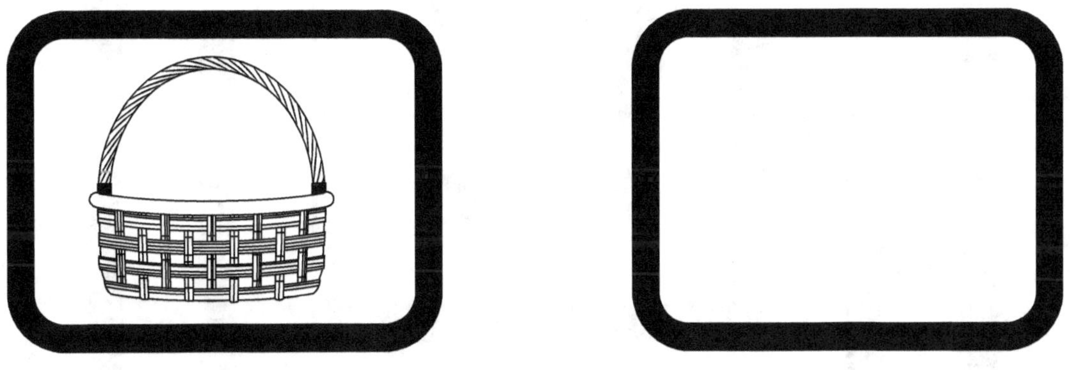

Color 1 manzana

Ayudar al cachorro a llegar a casa

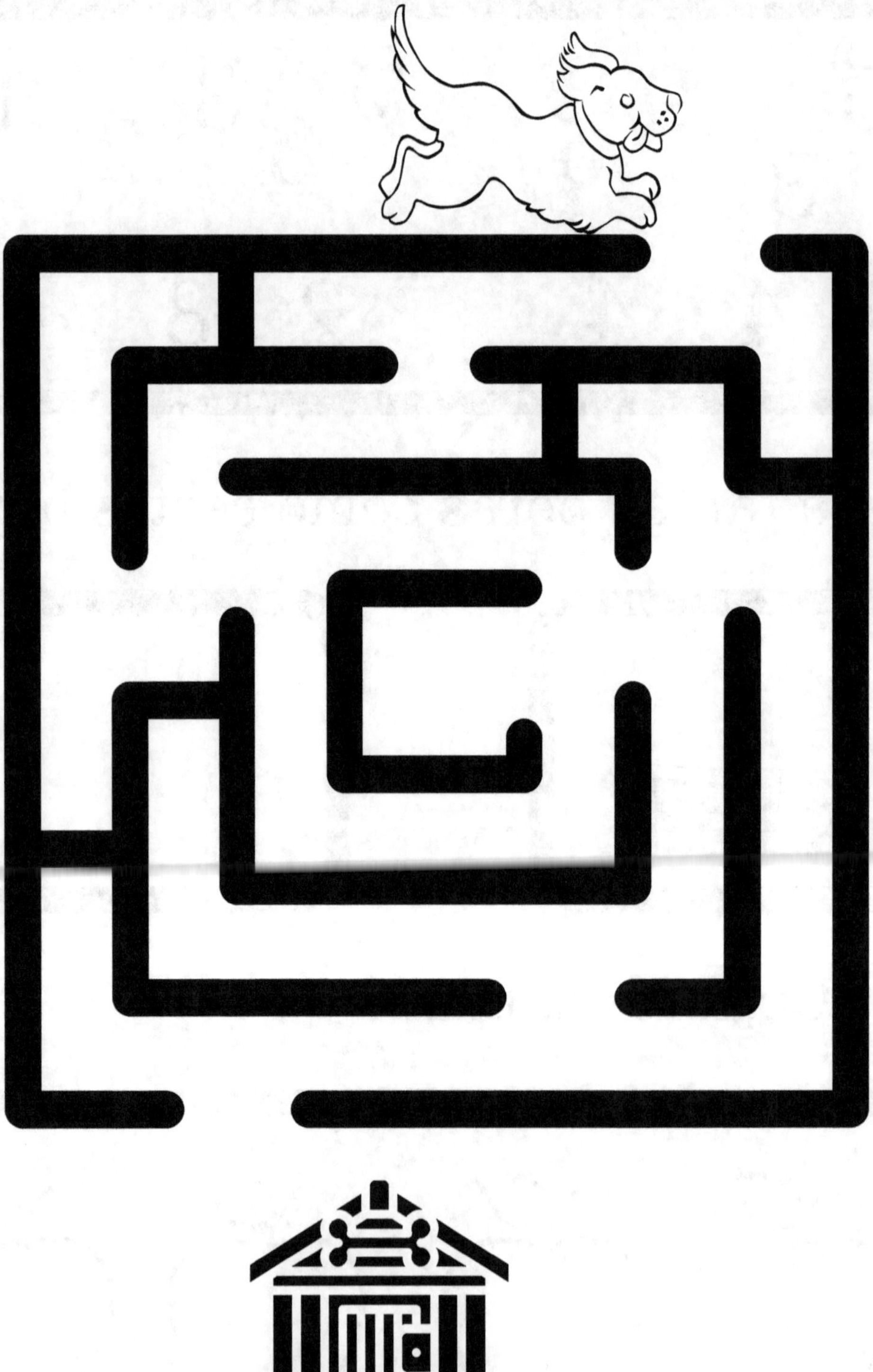

Recorte los elementos adicionales

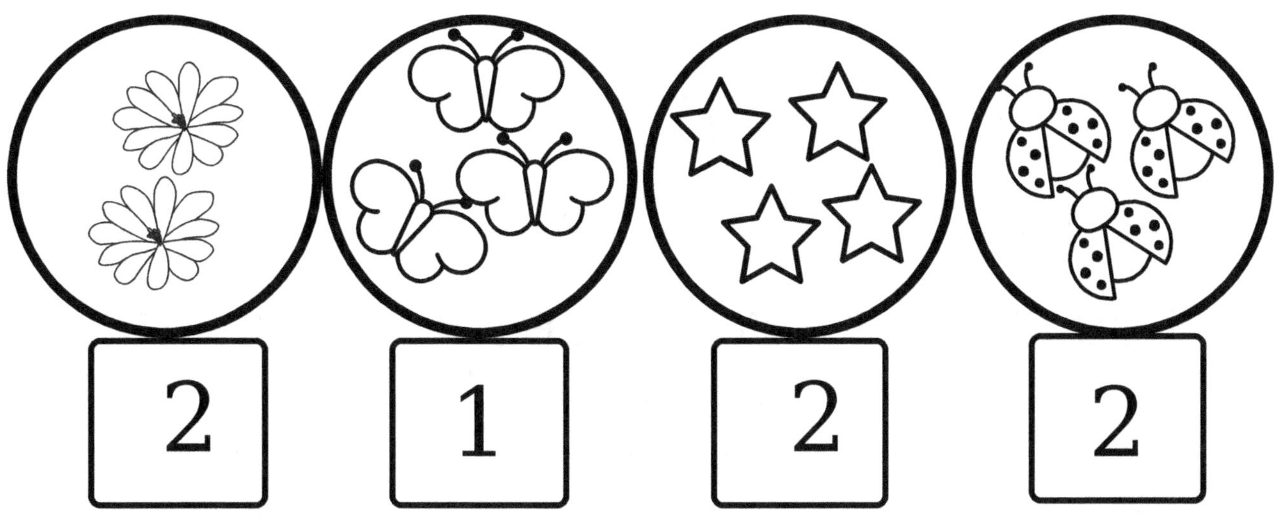

Sólo color número 2

2 1 5 3 2 4 1 2

Rellene el multimillonario correspondiente

Desglosar las cifras

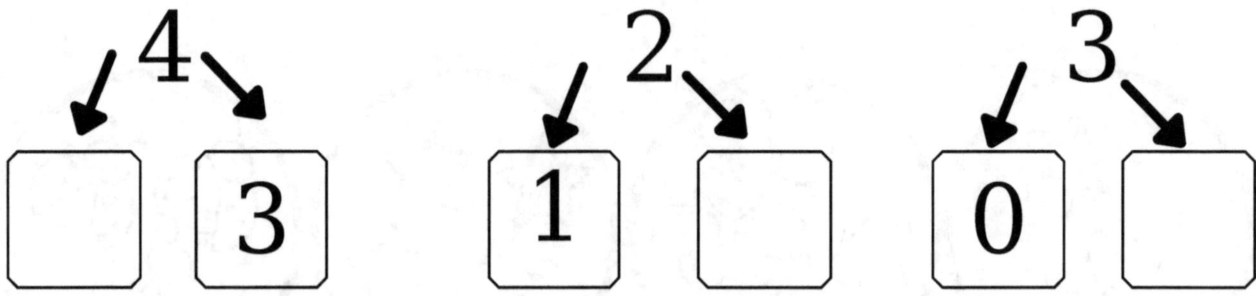

Escriba la cifra correspondiente al ¡número de elementos !

Dibuja en cada multitud tantos puntos como que muestre el número:

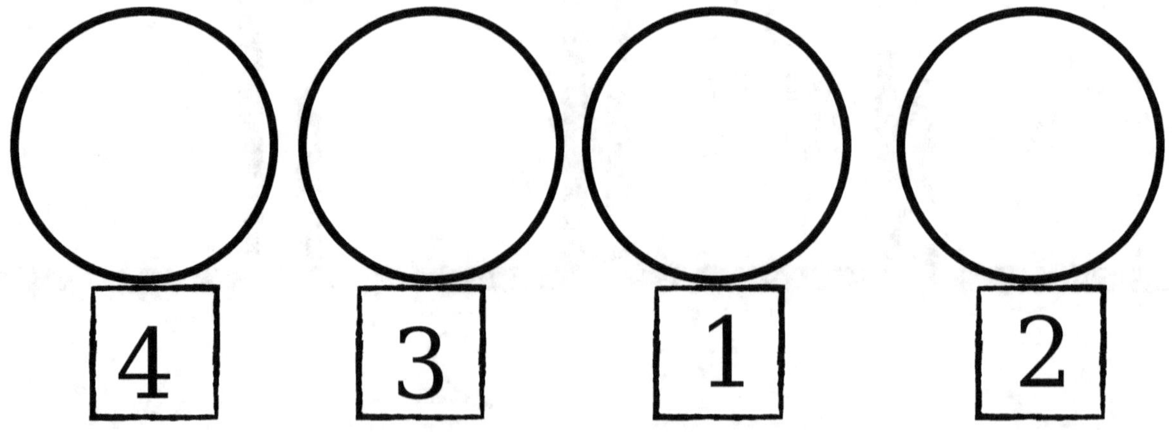

Ordenar los números en forma ascendente ascendente:

2 1 3 →

Ordenar los números en forma descendente orden descendente

2 1 3 →

Escribe sus vecinos 1, 2

Elija el número de la muchedumbre apropiado

Forma por ensayo y error múltiplos de elementos del mismo tipo

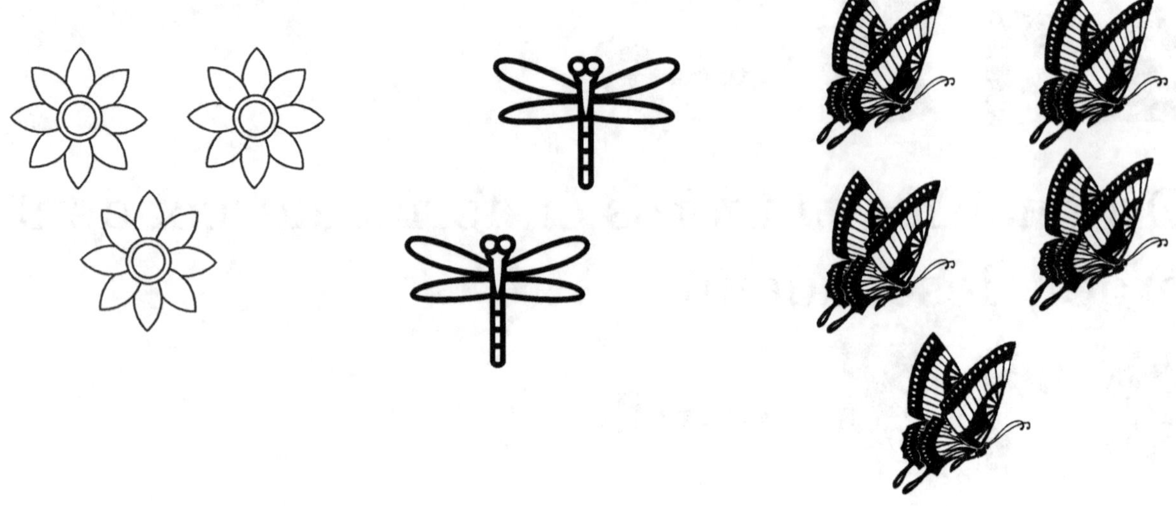

Colorea la primera y la quinta abeja

Escribe en las casillas los dígitos que faltan de la cadena:

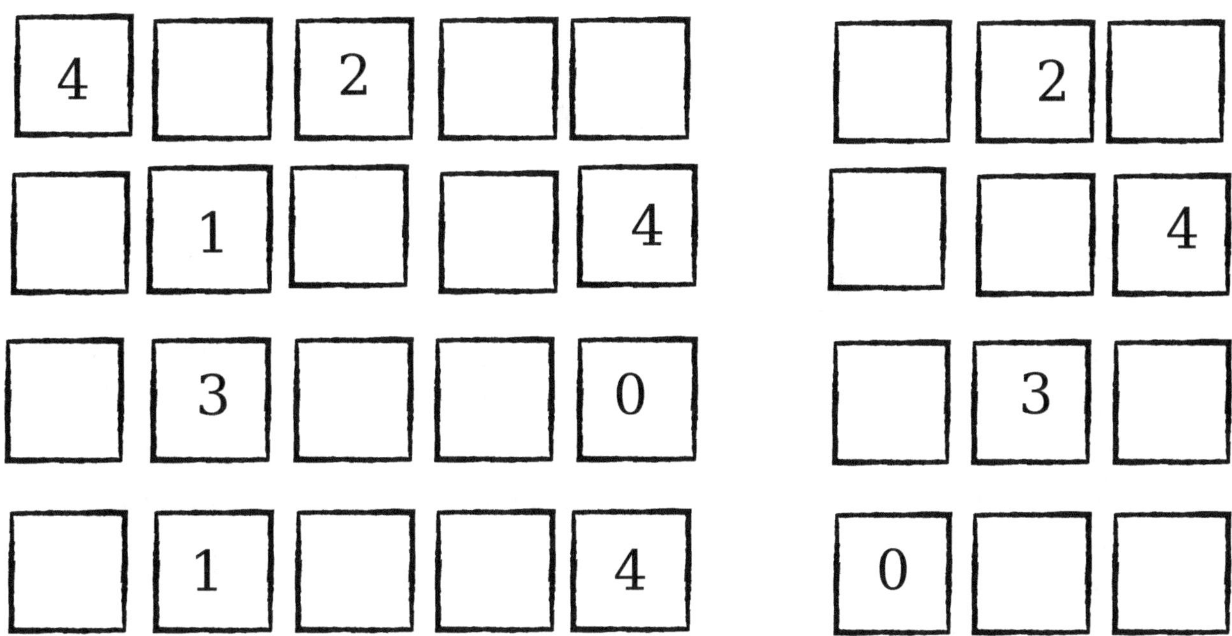

Dibuja líneas desde la mariposa hasta la flor correspondiente según el número.

Ayuda a la abeja a encontrar su colmena

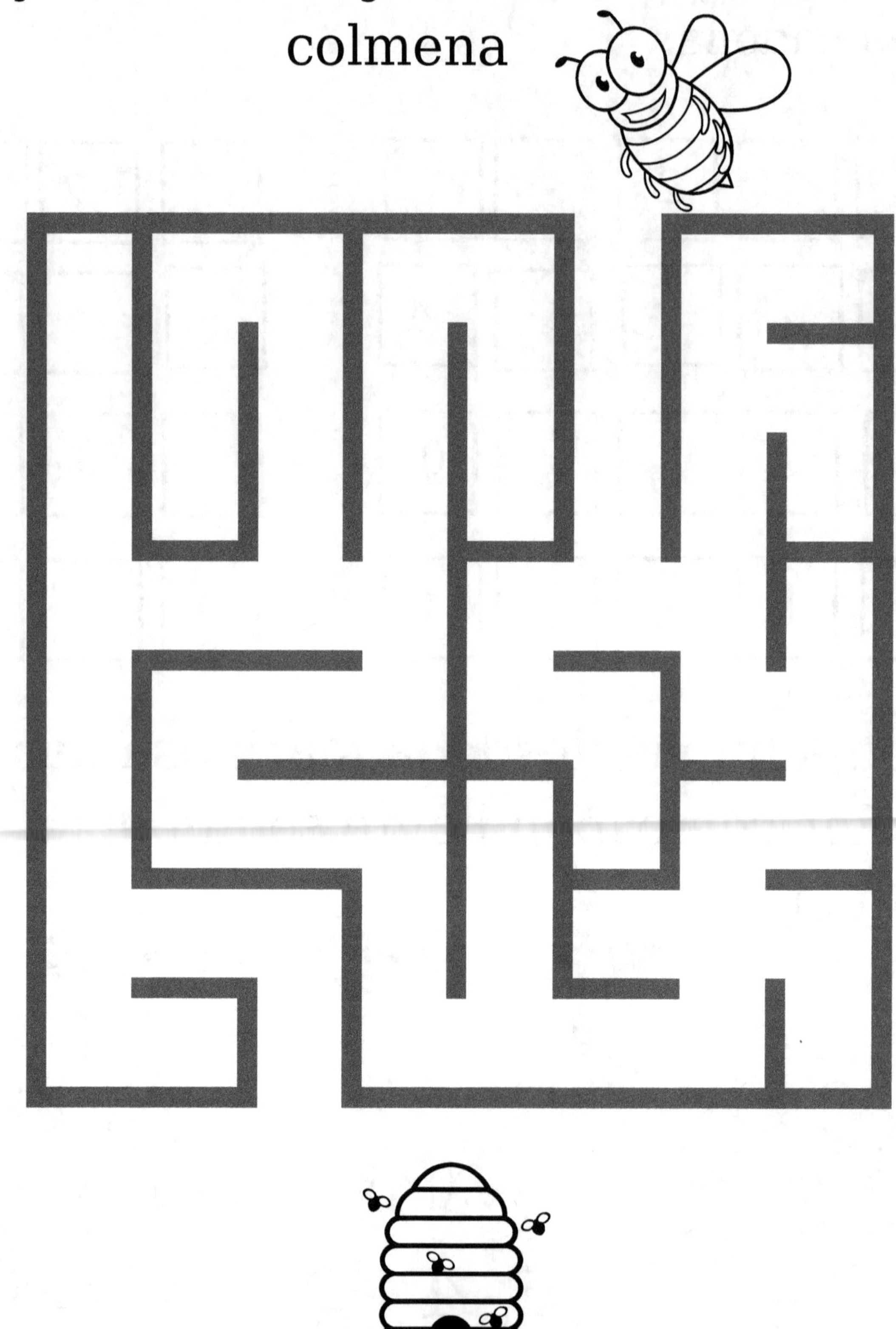

Bonos de número

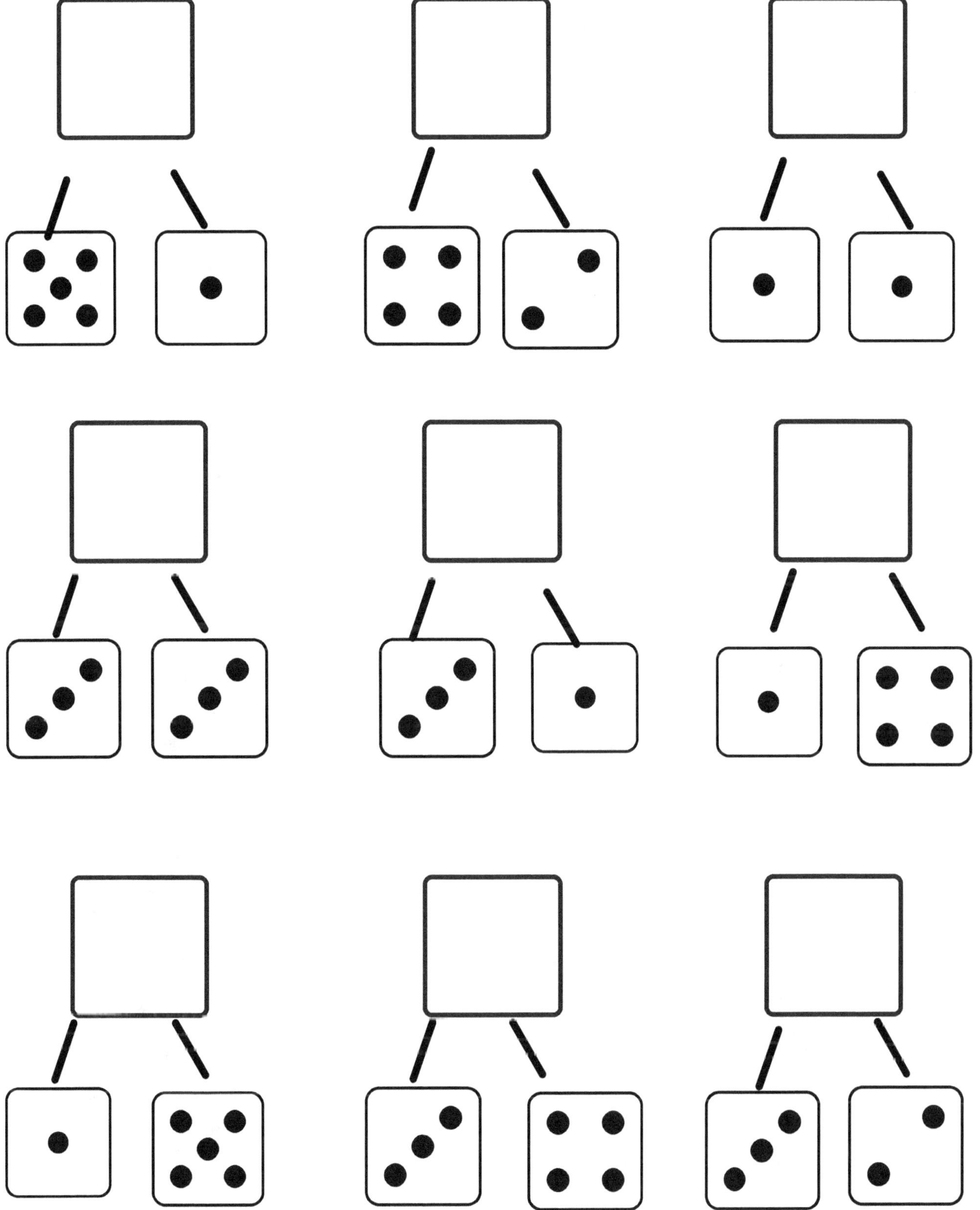

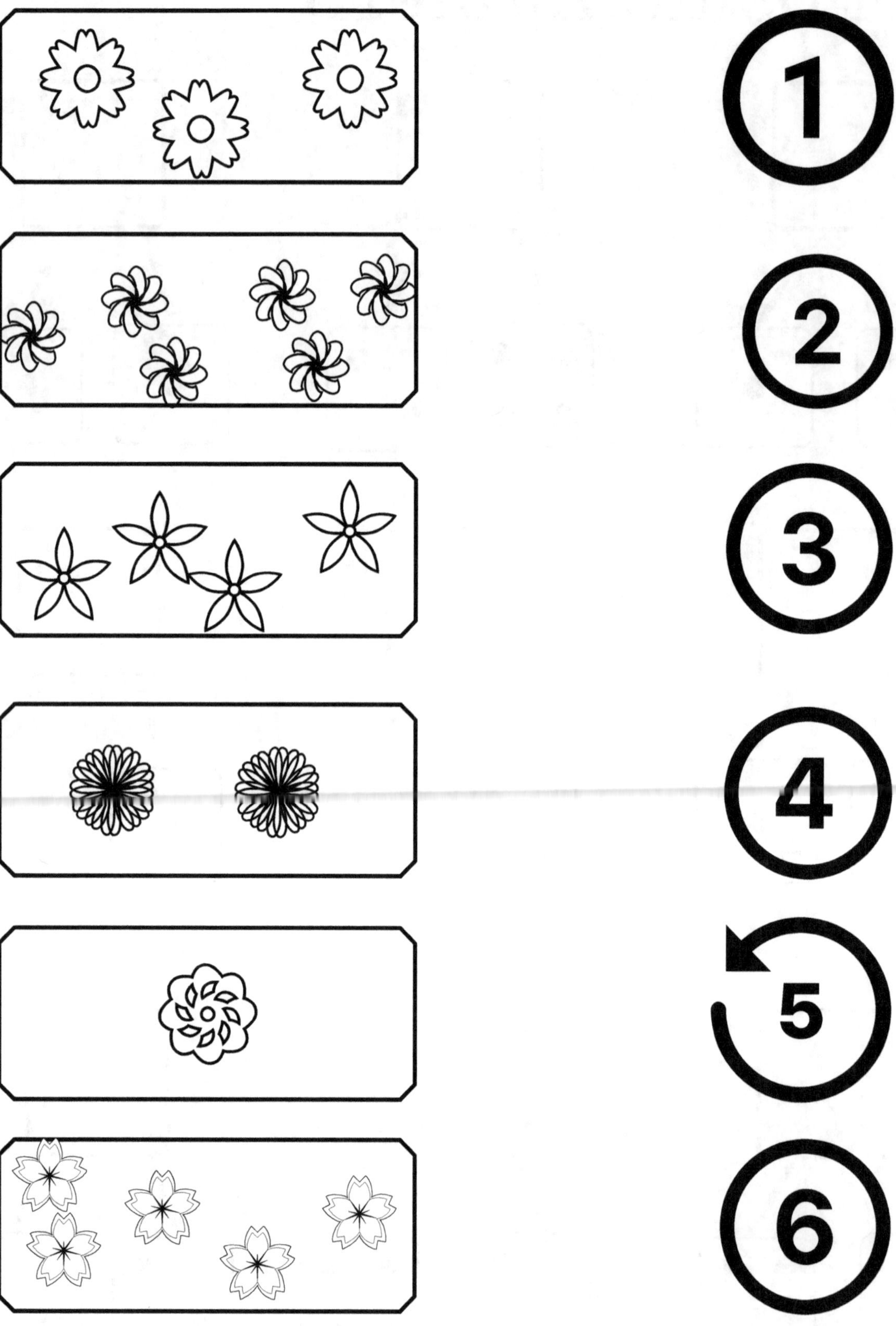

Bonos de número

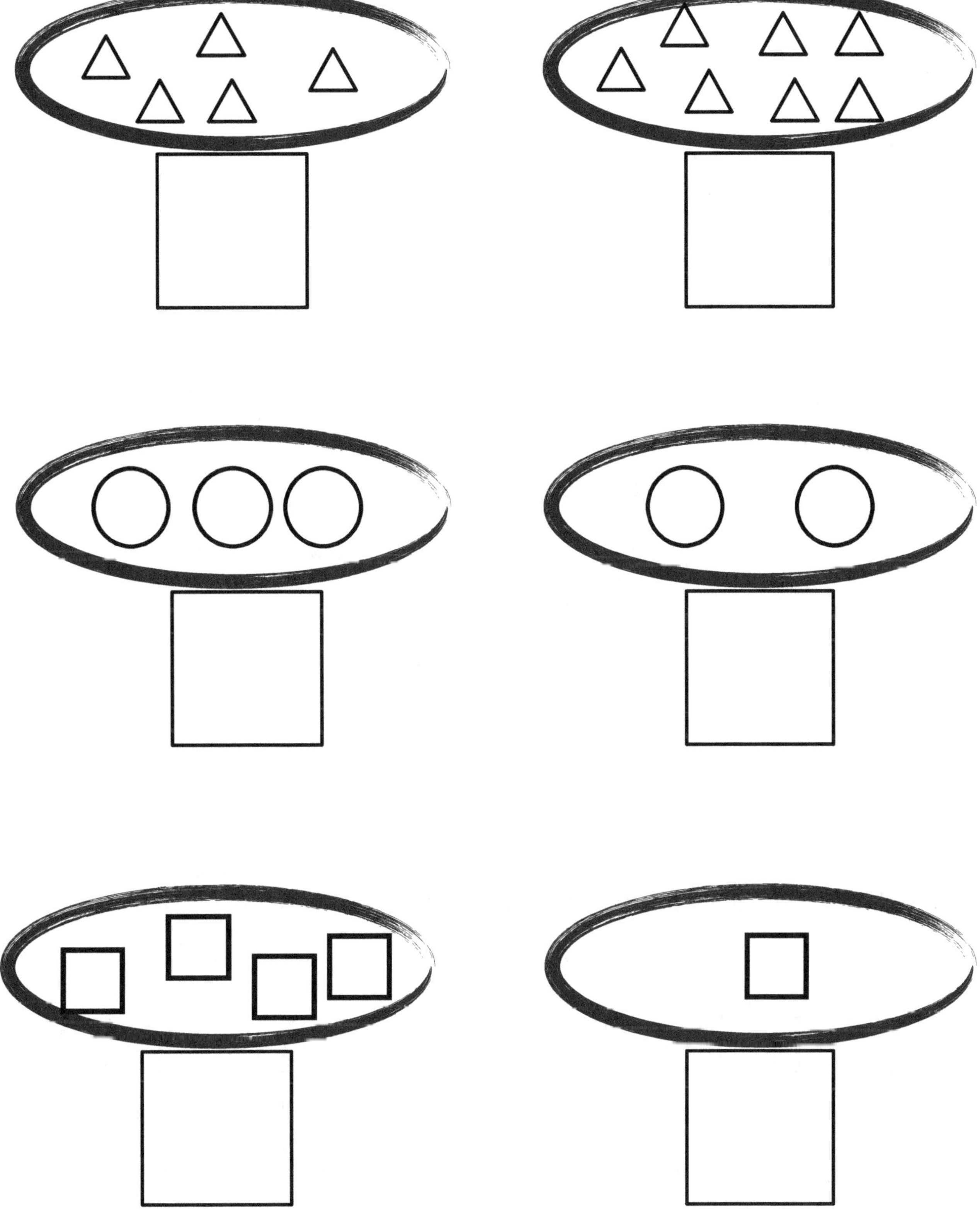

Prueba o colorea a la multitud con siete elementos.

Encuentra la cifra correspondiente al número de
 elementos
Escribe tantos cuadrados como indique el número.

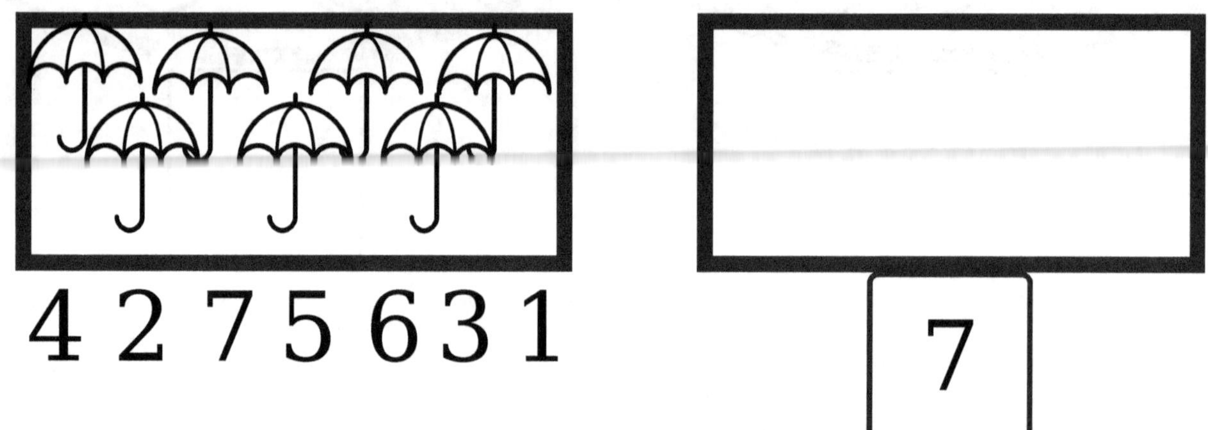

4 2 7 5 6 3 1

7

Colorea en las imágenes de la izquierda 7 huesos,
 en las de la derecha colorea el séptimo hueso

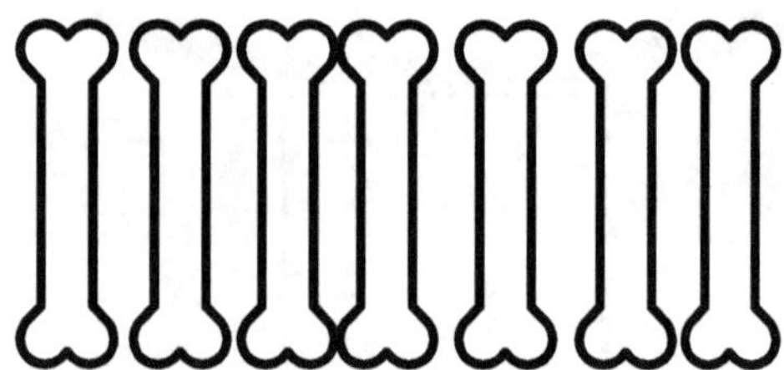

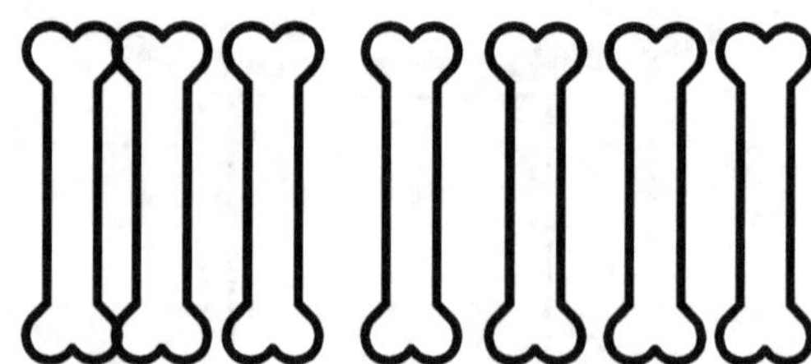

Escribe vecinos de números.

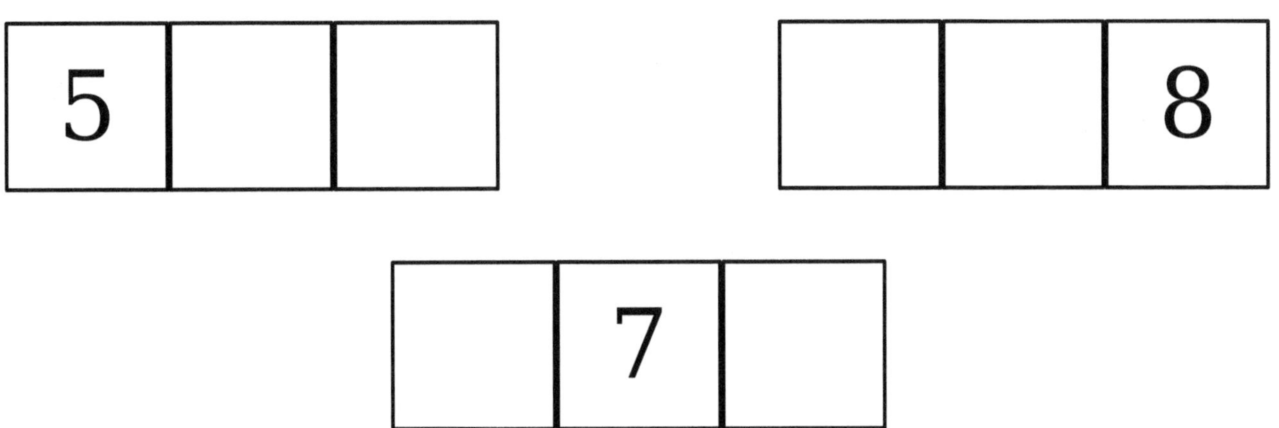

Rellena las casillas con las cifras correspondientes.

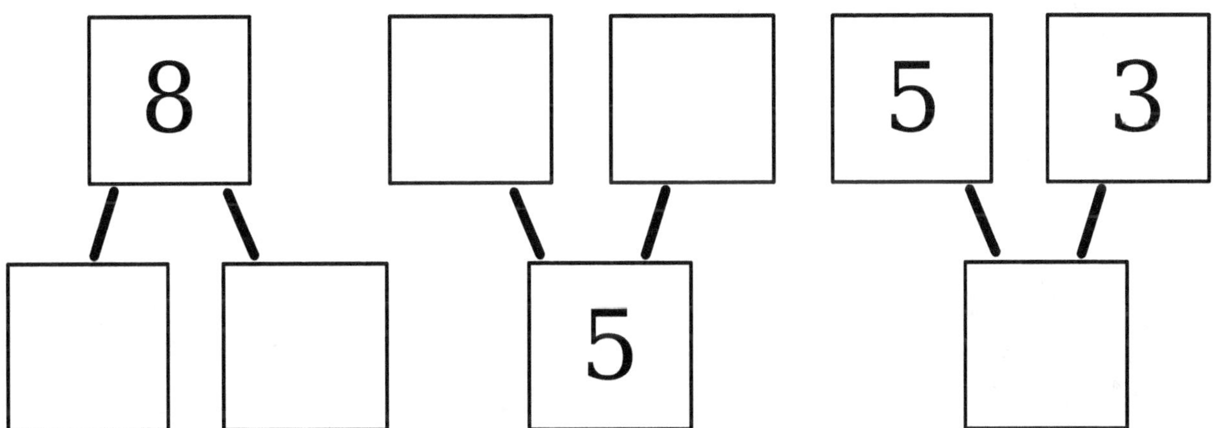

Completa los espacios en blanco.

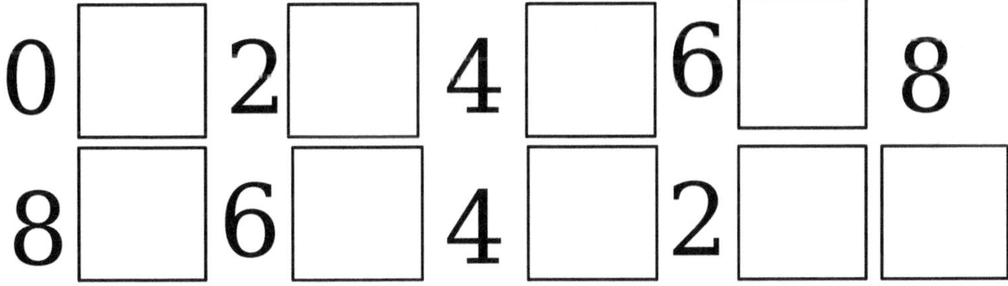

Completa los enlaces numéricos para hacer 7 y 8

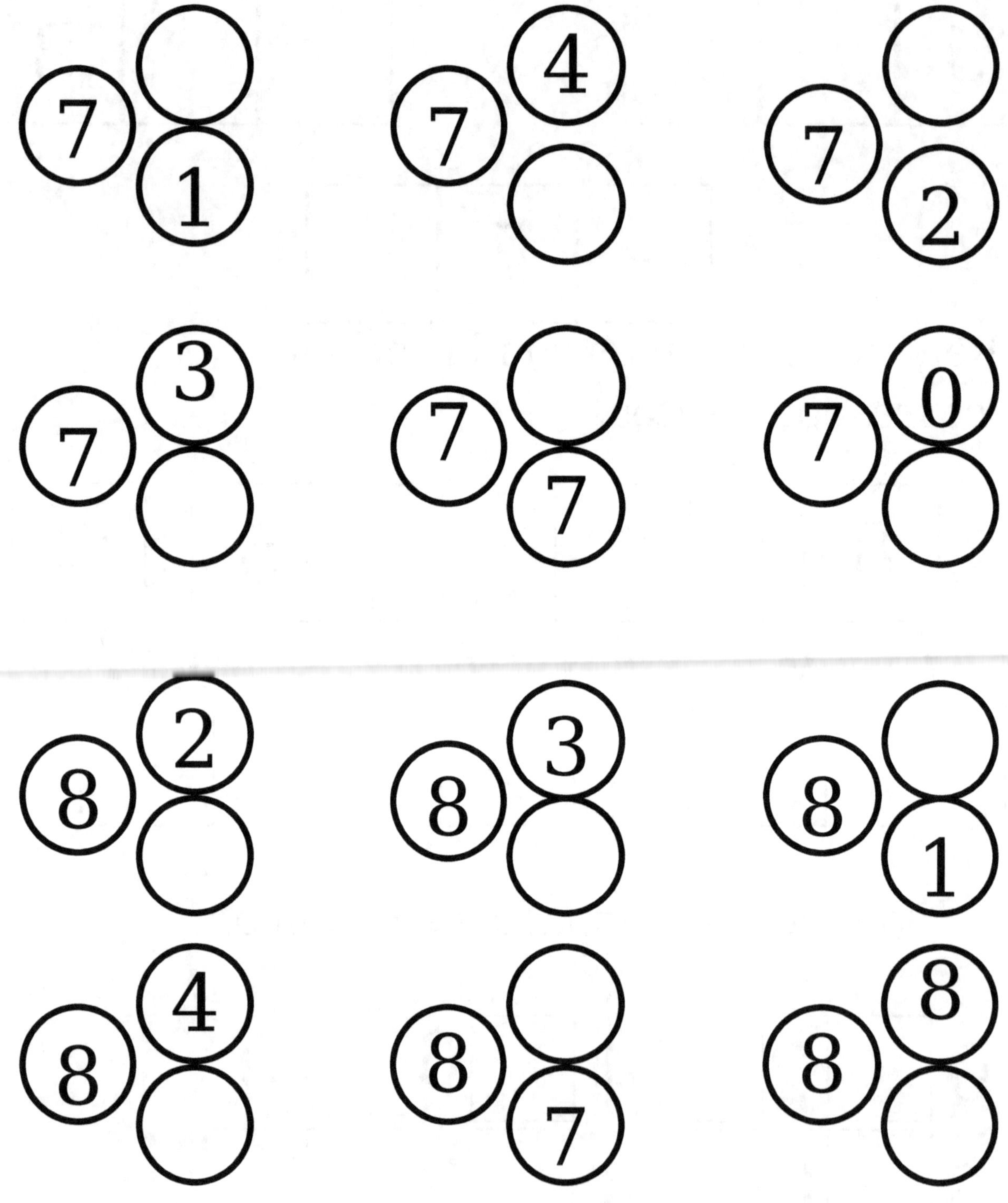

Pruebe el número correspondiente al número de elementos en cada grupo.

Forma por grupos de nueve flores en círculo

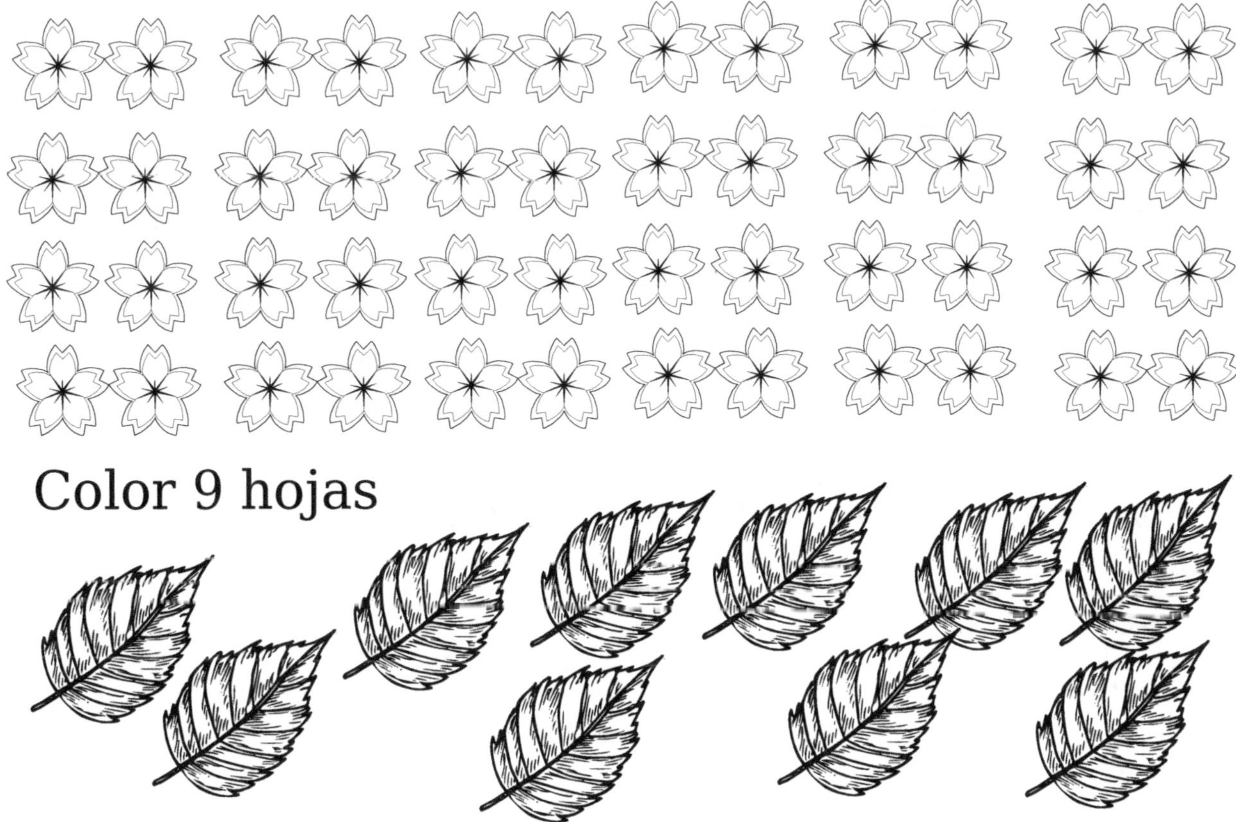

Color 9 hojas

Ayuda a la ardilla a llegar a la nuez

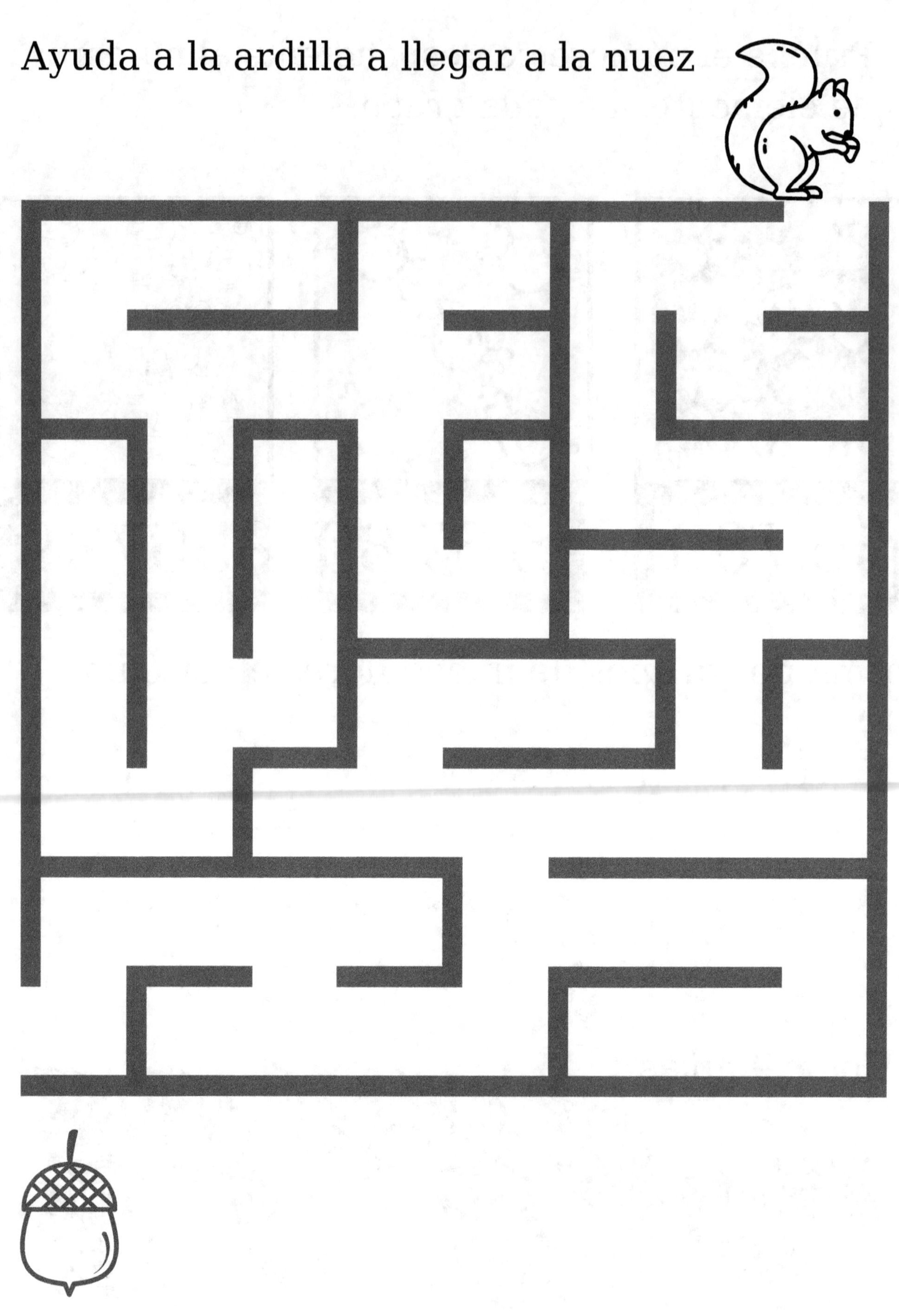

Cuenta y colorea los elementos del partido en cada casilla, marca el número correcto

Cuenta y colorea el número exacto de animales de la granja

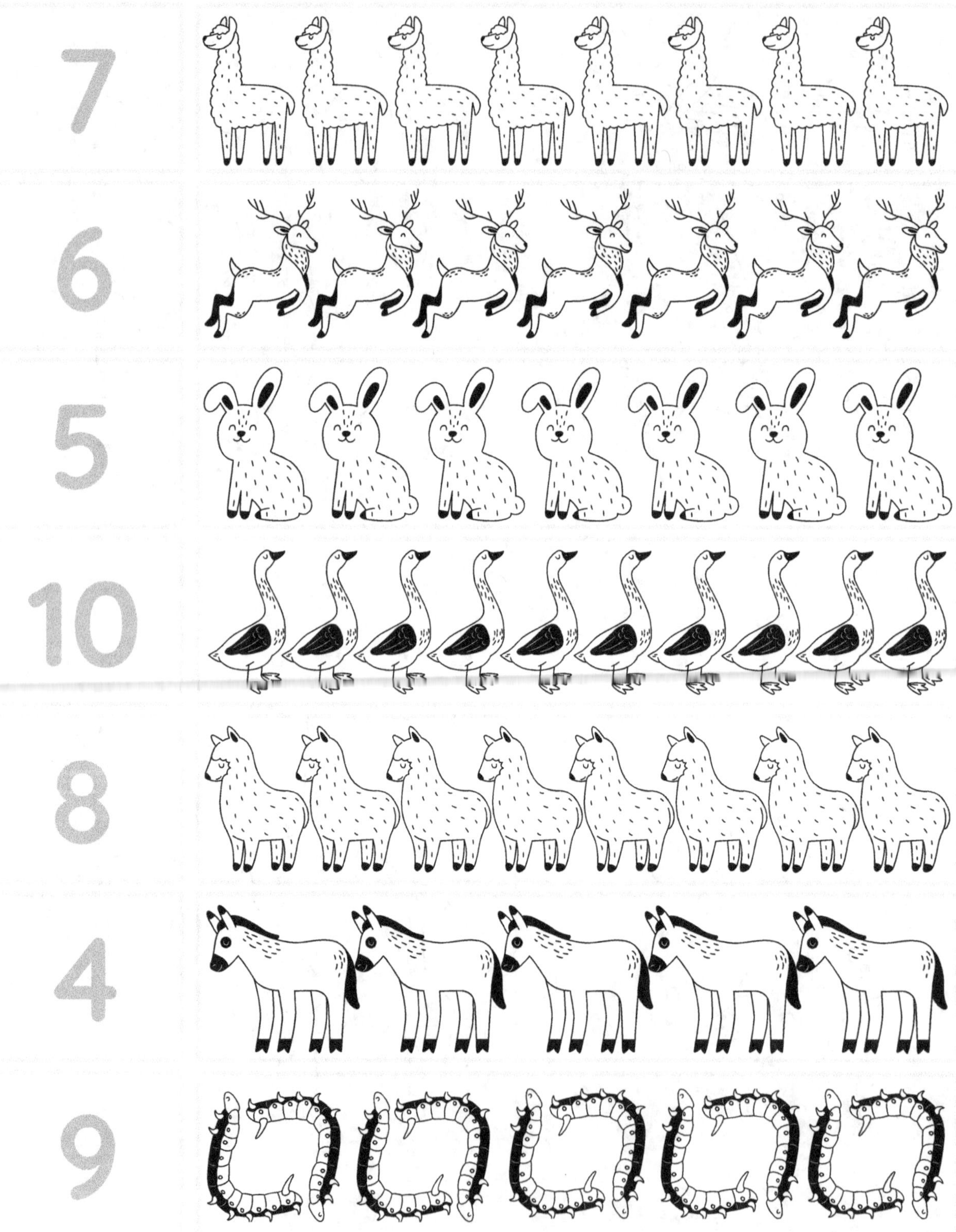

Colorea los círculos de la derecha con verde y los cuadrados de la izquierda con amarillo.

Colorea los círculos superiores de color morado y los triángulos triángulos inferiores.

5

¿Cuántos animales de la granja cuentas? Escribe el número en la casilla de al lado. También puedes colorear los Animales de la Granja.

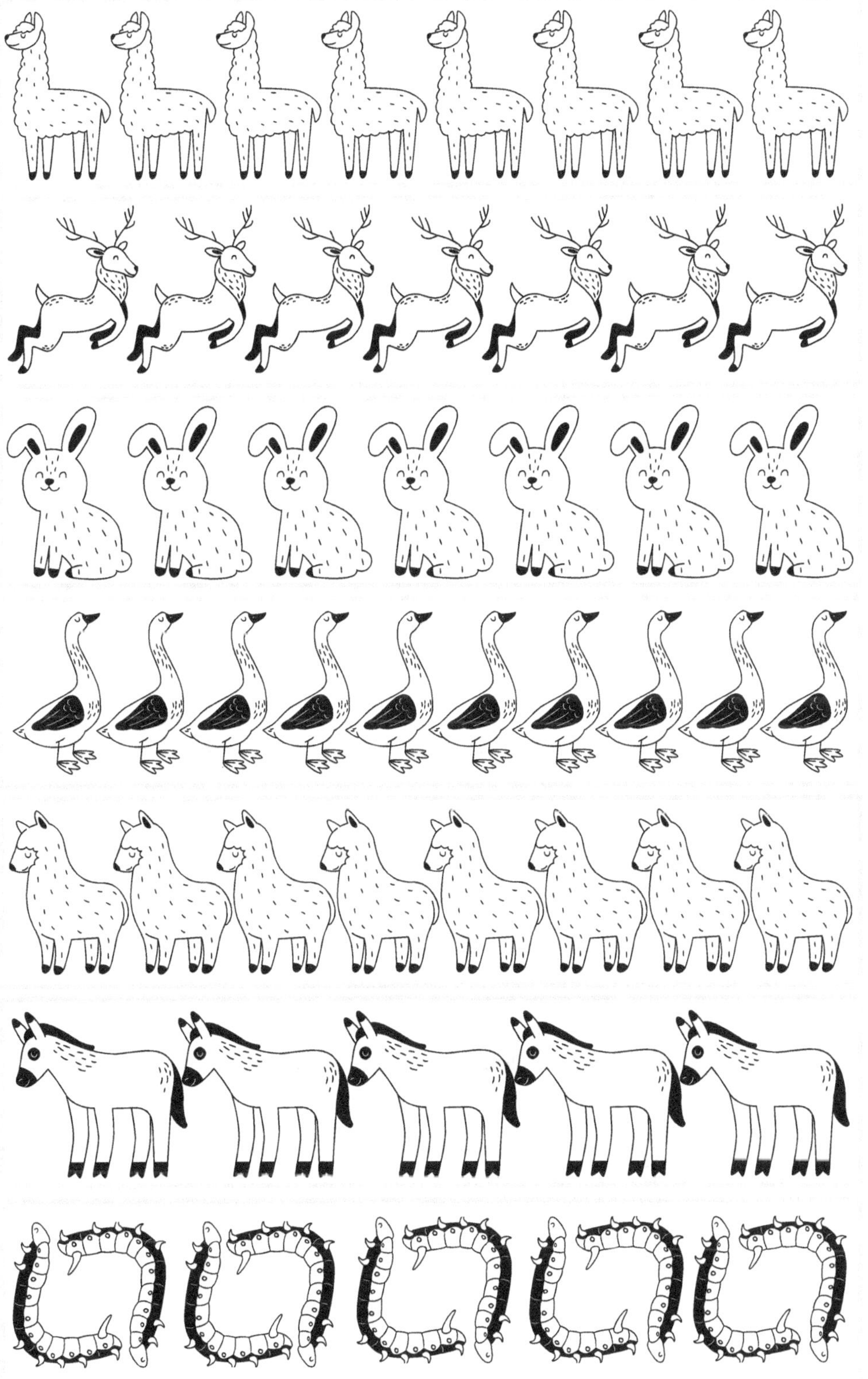

Conecta los puntos del 1 al 18, así practicarás el conteo y descubres un bonito elemento.

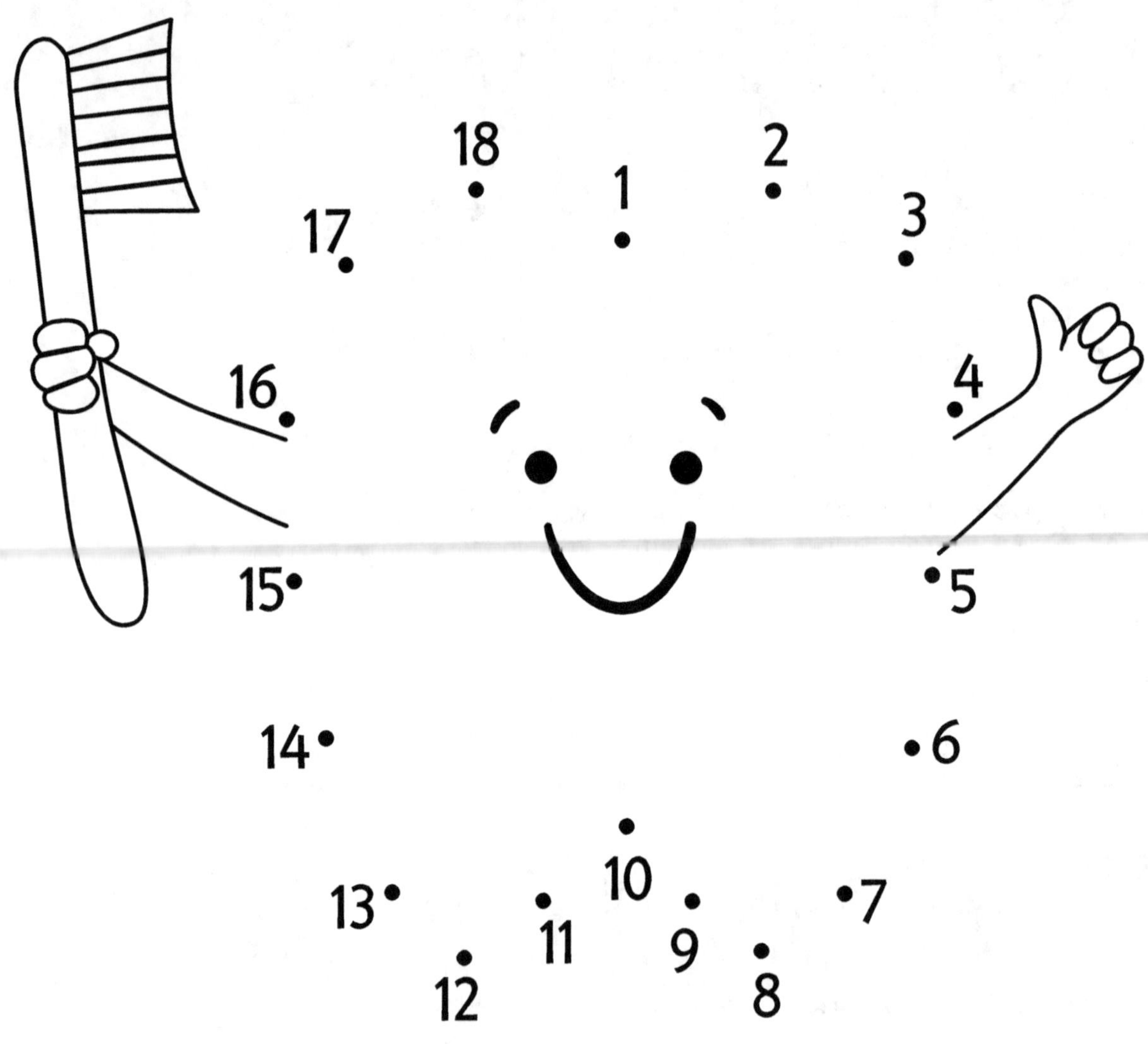

Cuenta y colorea el número exacto de animales de la granja

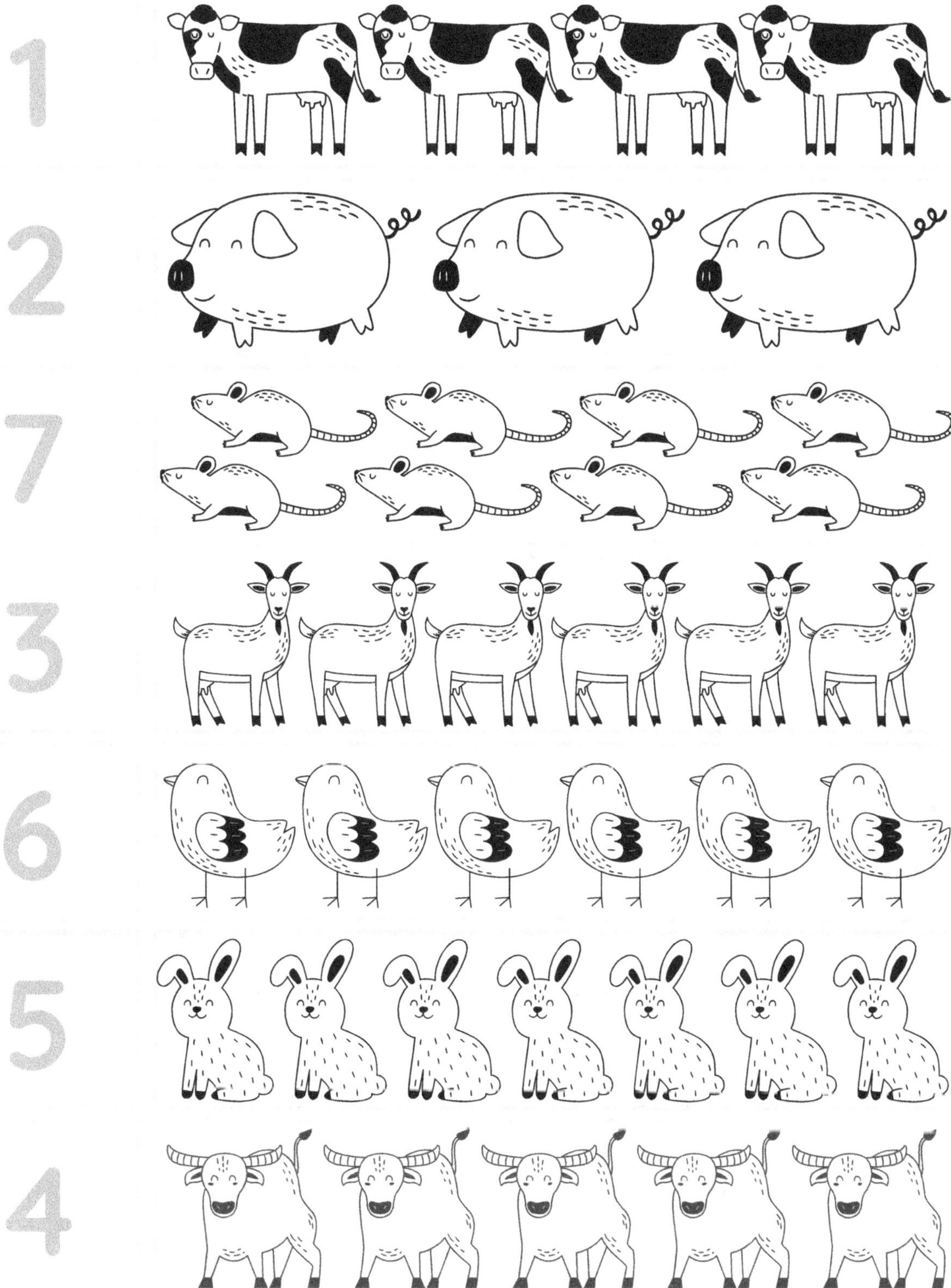

TRAZA LOS NÚMEROS EN LAS MAGDALENAS. SI EL
TIEMPO LO PERMITE, COLOREA LAS MAGDALENAS.

Practica el conteo y la escritura numérica trazando los números en los peces de abajo. Cuando termines, colorea el pez.

Ayuda a Lucky a contar sus monedas.

_______________   _______________

_______________   _______________

4 + 4 = ◯	1 + 6 = ◯
3 + 4 = ◯	9 + 0 = ◯
6 + 2 = ◯	3 + 7 = ◯
2 + 3 = ◯	8 + 2 = ◯

AÑADE O QUITA LAS MAGDALENAS UTILIZANDO LAS INDICACIONES QUE SE TE DAN. SI EL TIEMPO LO PERMITE COLOREA LAS MAGDALENAS.

2 + 4 = ◯	3+ 6 = ◯
1+ 4 = ◯	9 + 1 = ◯
8 + 2 = ◯	3 + 5 = ◯
2 + 3 = ◯	8 + 1 = ◯

5 - 4 =___

4 - 4 =___

3 - 3 =___

6 - 2 = ___

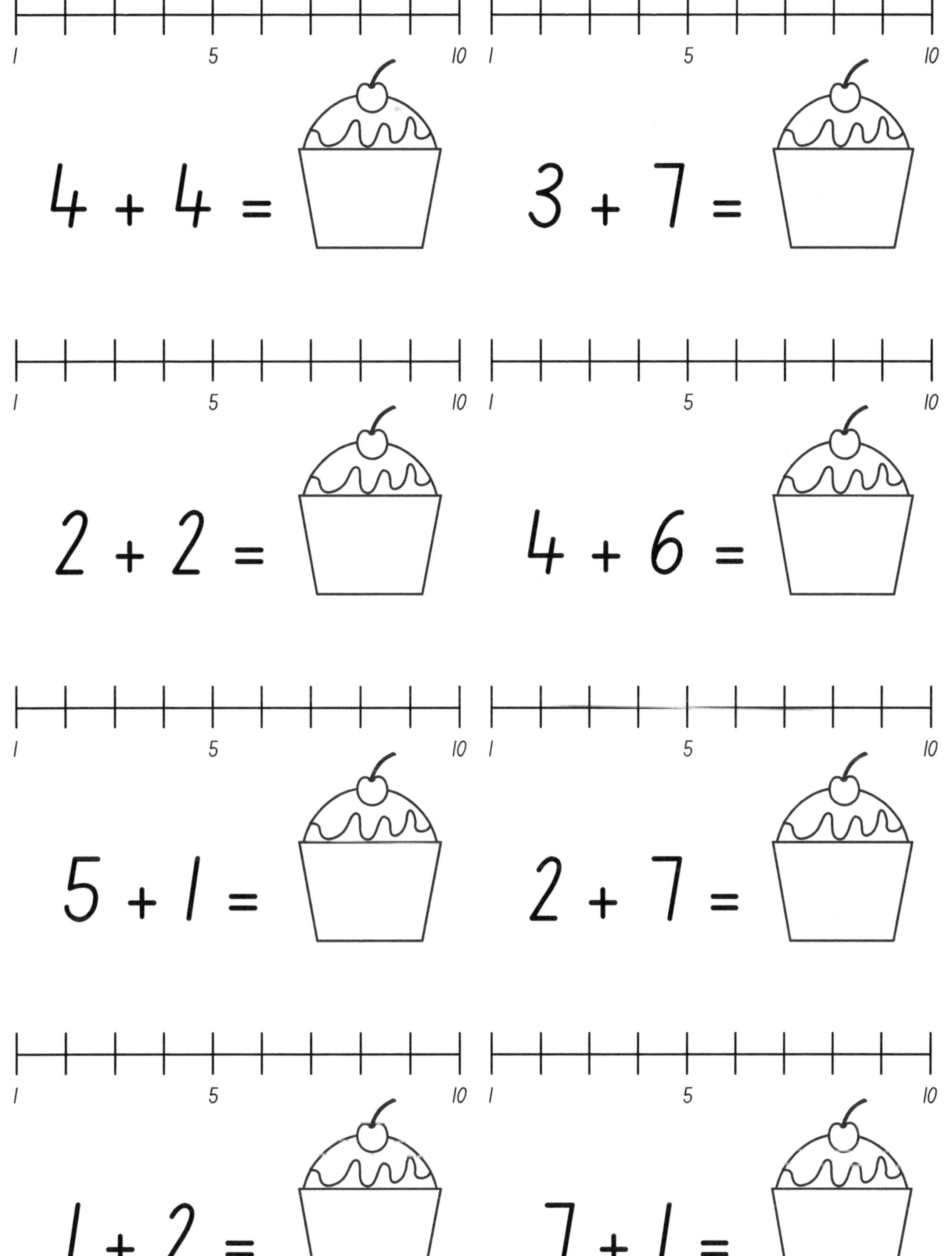

4 + 4 =

3 + 7 =

2 + 2 =

4 + 6 =

5 + 1 =

2 + 7 =

1 + 2 =

7 + 1 =

Cuenta de 5 en 5 para encontrar el total.

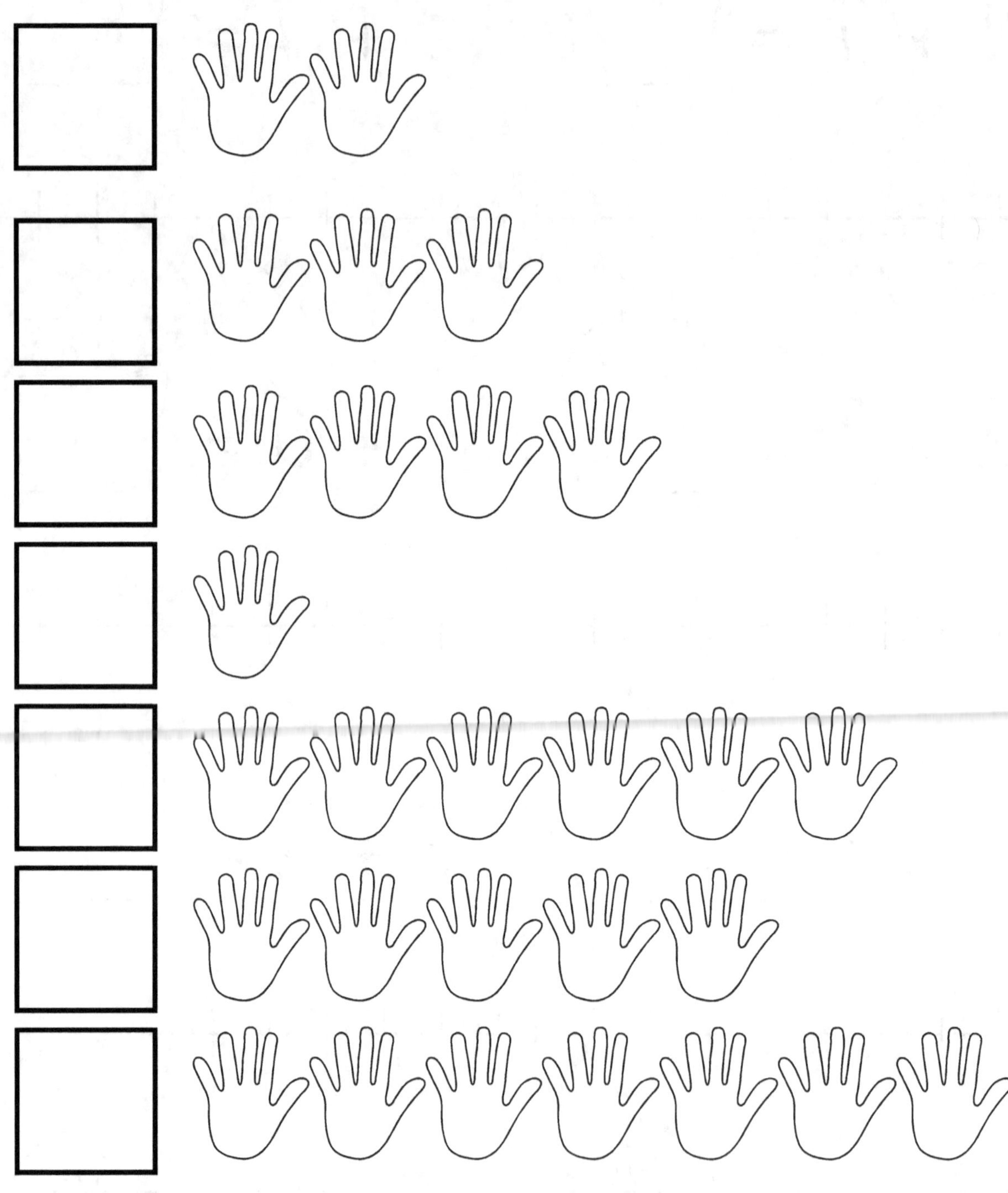

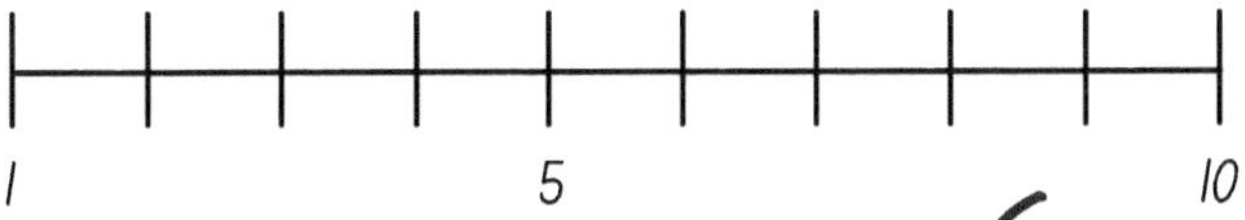

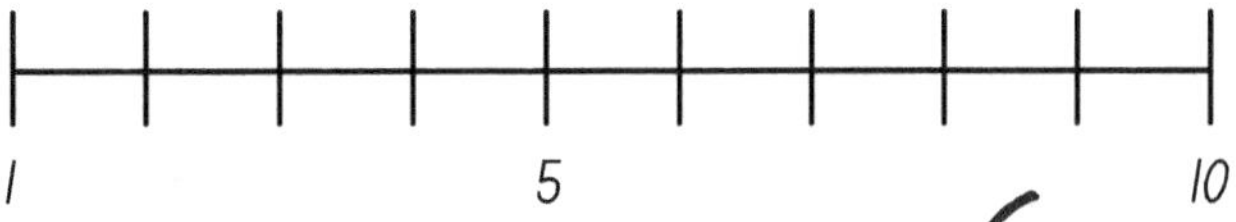

$5 + 4 =$

$1 + 7 =$

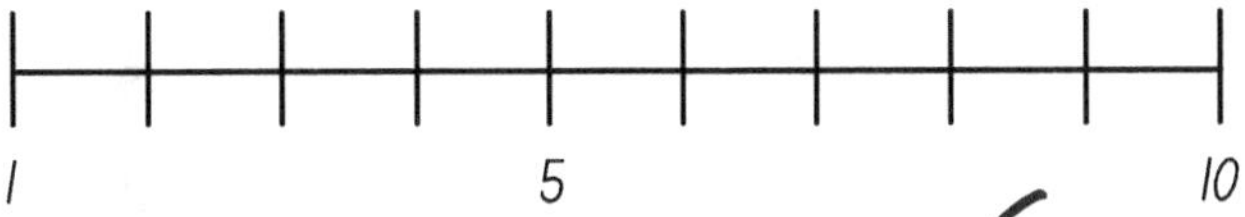

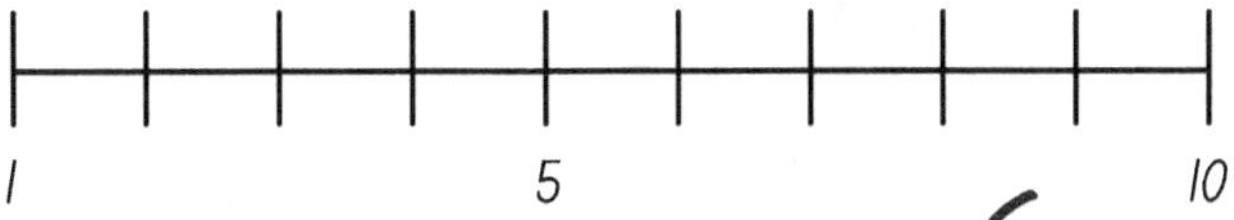

$1 + 2 =$

$4 + 6 =$

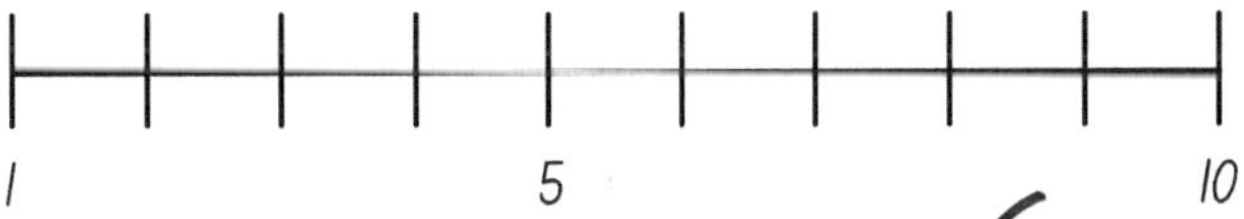

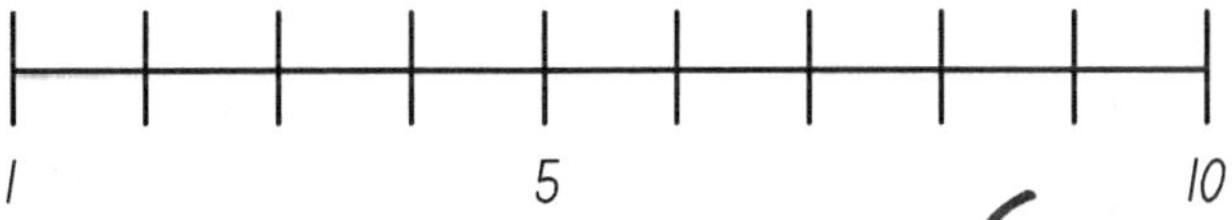

$3 + 6 =$

$3 + 7 =$

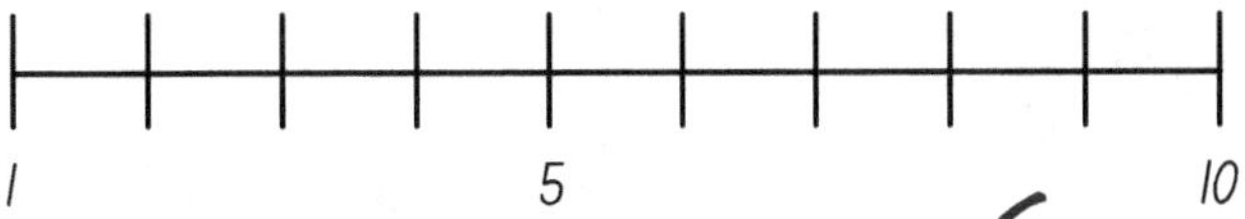

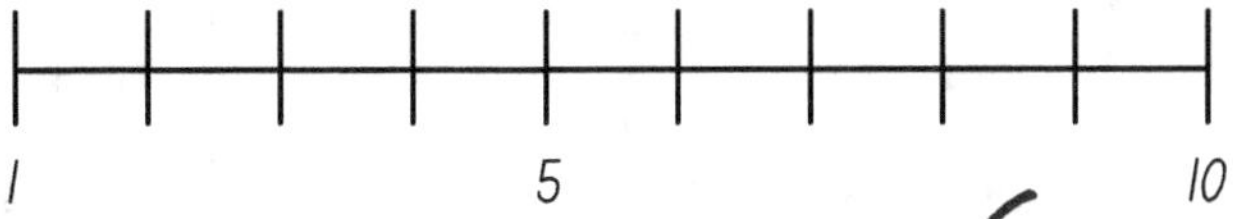

$1 + 9 =$

$7 + 2 =$

Suma los números para
encontrar el total.

Escribe los números que vienen antes
y después del número del medio.

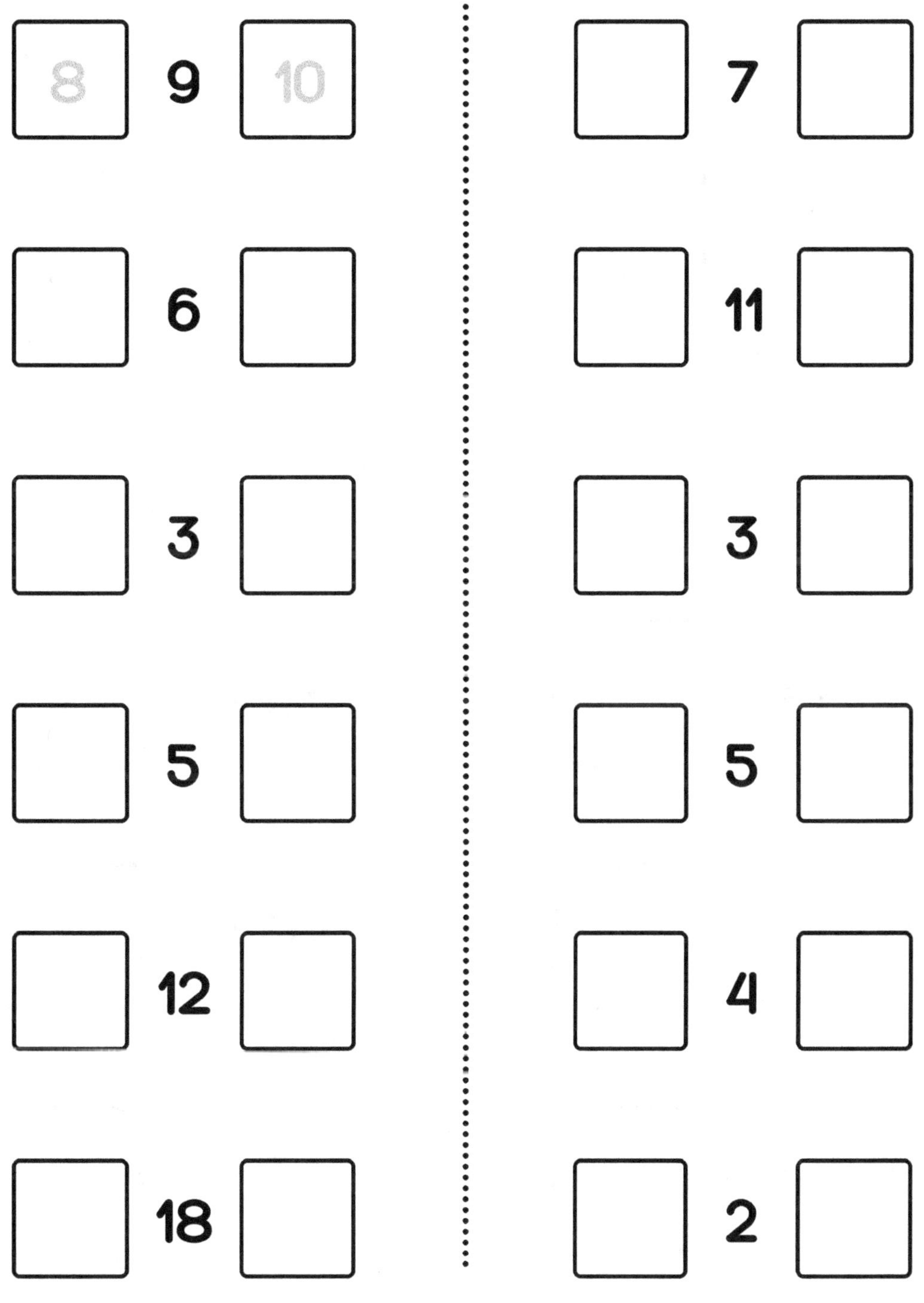

Resuelve las siguientes ecuaciones.

4-3 = ☐   1-1= ☐

10 - 0 = ☐   5 - 4 = ☐

5 - 3 = ☐   2 - 0 = ☐

7 - 4 = ☐   4 - 1 = ☐

8 - 4 = ☐   1 - 0 = ☐

7 - 6 = ☐   5 - 1 = ☐

Demuestra la propiedad conmutativa de cada una de estas operaciones de adición del arco iris:

Respuestas:
5 = Rosa
8 = Amarillo
6 = Púrpura

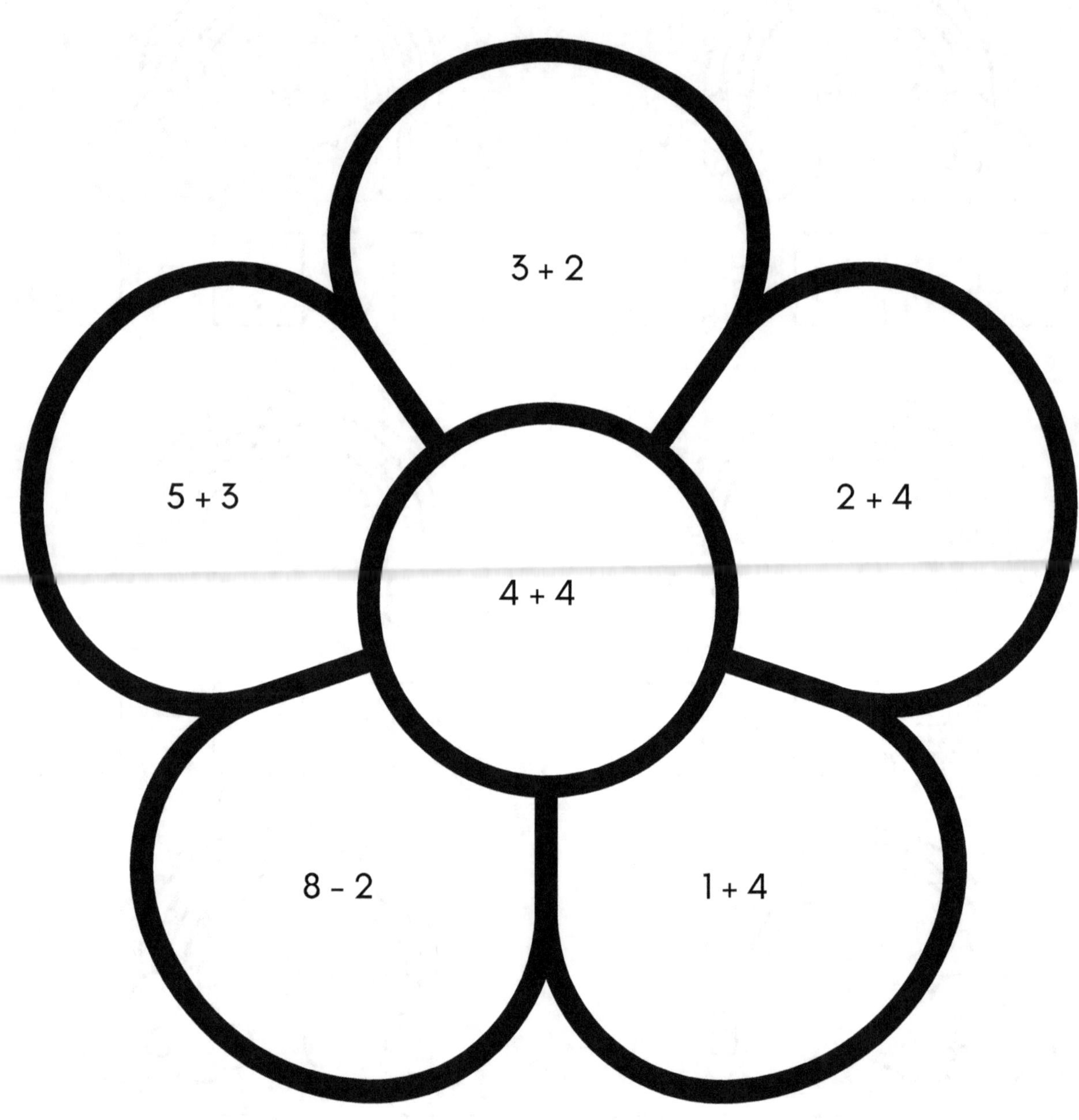

3 + 2
5 + 3
2 + 4
4 + 4
8 – 2
1 + 4

Escribe frases de sustracción que correspondan a las imágenes de cada cuadro.

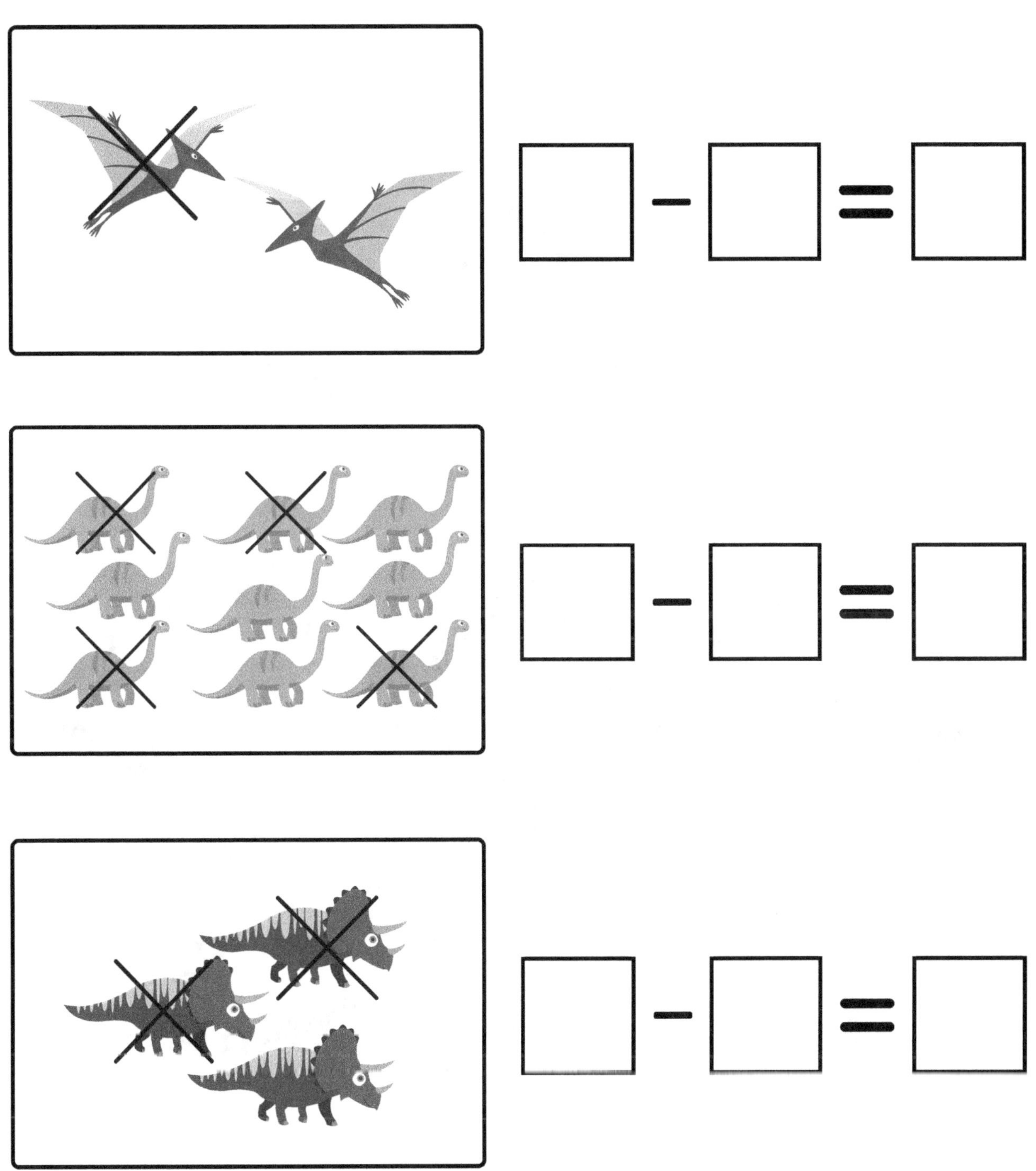

Respuestas:

15 = Rosa

12 = Amarillo

14 = Púrpura

8 = Naranja

5 = Azul

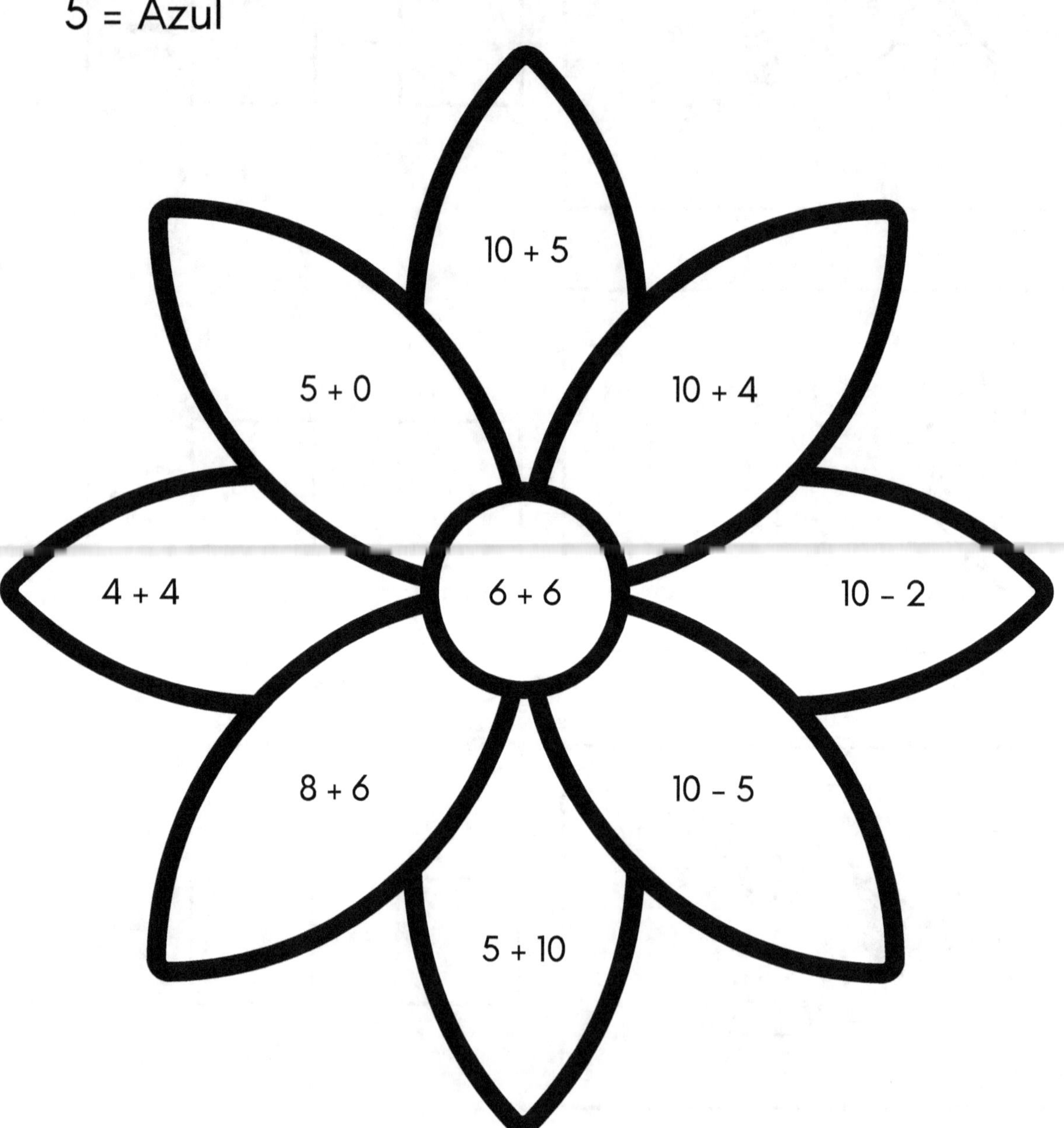

Escribe en el espacio en blanco el número que completa la ecuación.

Tacha el número correcto de círculos para resolver cada resta.

5 - 2 = _______

3 - 2 = _______

4 - 1 = _______

3 - 1 = _______

5 - 1 = _______

4 - 2 = _______

Encuentra cada suma.

3 + 5 =   7 + 2 =   10 + 1 =

4 + 6 =   2 + 8 =   5 + 0 =

7 + 7 =   0 + 4 =   9 + 10 =

8 + 10 =   10 + 10 =   7 + 1 =

3 + 9 =   8 + 3 =   10 + 6 =

10 + 5 =   4 + 10 =   2 + 5 =

Resuelve las siguientes ecuaciones.

$10 - 0 =$ ☐		$5 - 4 =$ ☐
$5 - 3 =$ ☐		$2 - 0 =$ ☐
$7 - 4 =$ ☐		$4 - 1 =$ ☐
$8 - 4 =$ ☐		$1 - 0 =$ ☐
$7 - 6 =$ ☐		$5 - 1 =$ ☐

Mira la hora

Dibuja las horas de estos relojes y coloréalas.

Escribe la hora en los relojes de abajo: 

1:00

3:00

11:00

5:00

6:00

2:00

10:00

9:00

8:00

Escribe la hora en los relojes de abajo: 

3:00

4:00

9:00

12:00

6:00

11:00

7:00

1:00

2:00

Ayuda a Lucky a saber qué hora es. Dibuja las manecillas del reloj para la hora indicada.

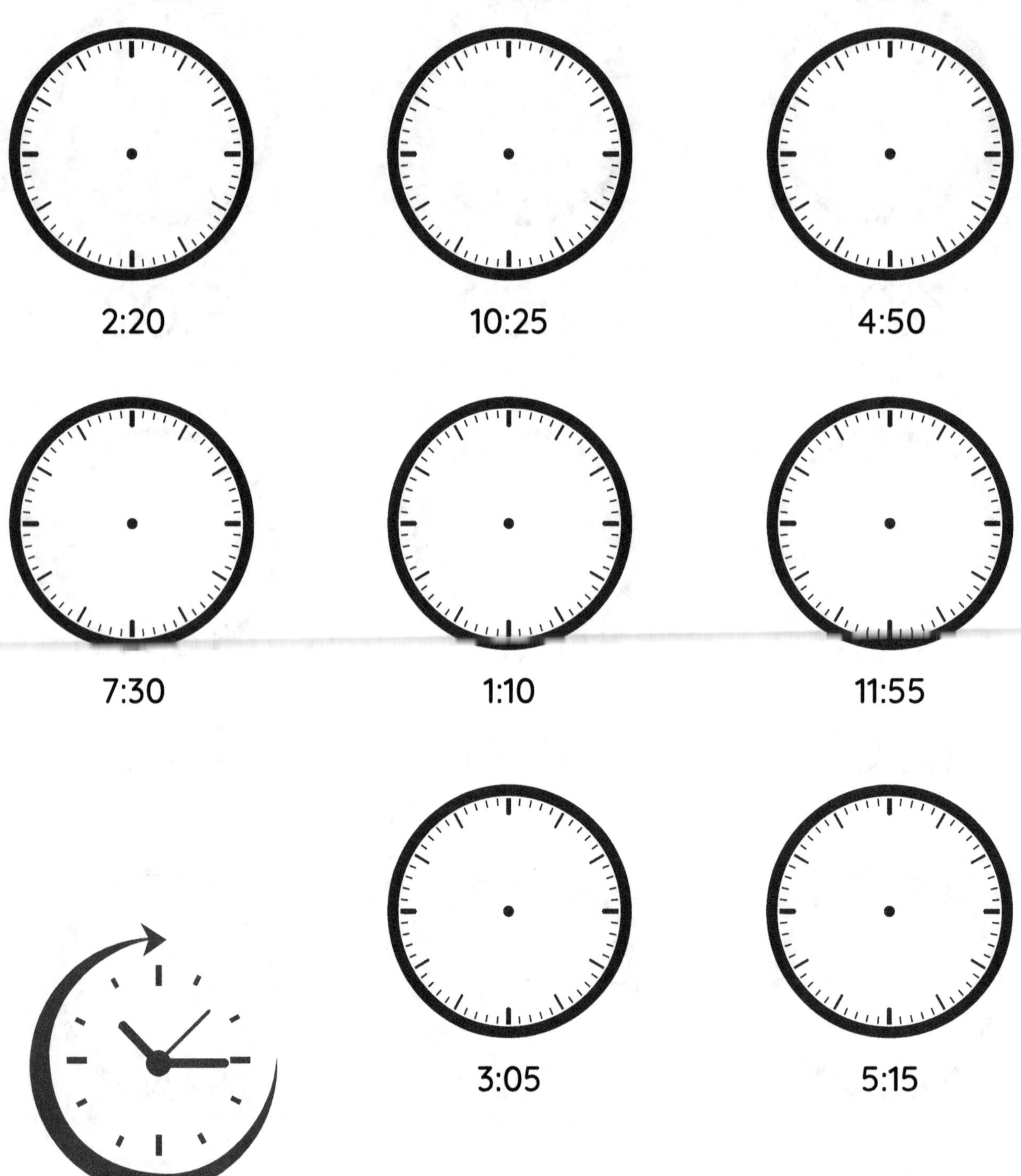

Escribe la hora en los relojes de abajo:

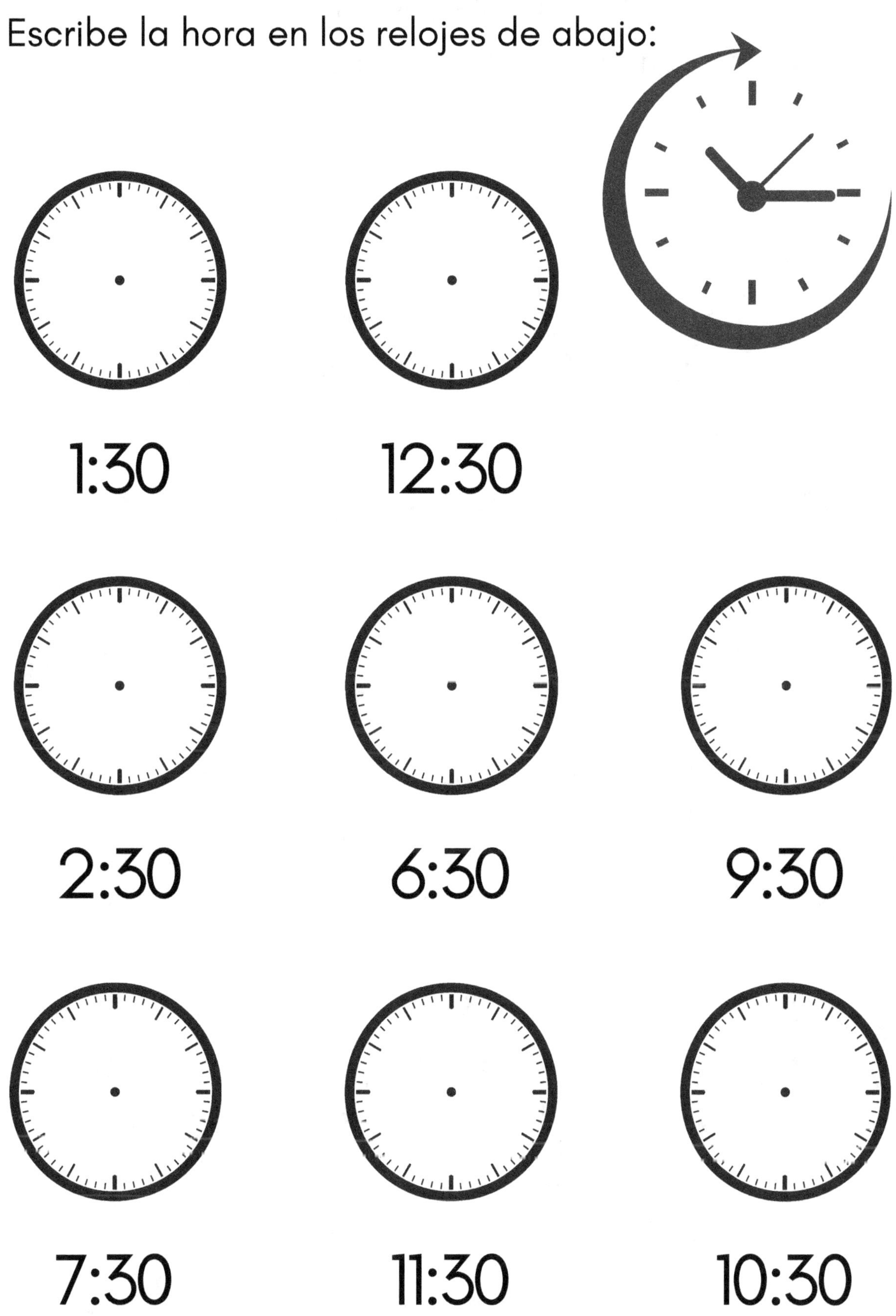

1:30	12:30	
2:30	6:30	9:30
7:30	11:30	10:30

Dibuja la aguja de las horas y los minutos en el reloj para mostrar la hora dada.

4:00

7:00

11:00

2:30

10:30

12:30

1:15

6:15

5:15

Lee la hora en los relojes digitales.
¿Puedes poner la hora correcta en los
relojes analógicos dibujando las agujas
correctas?

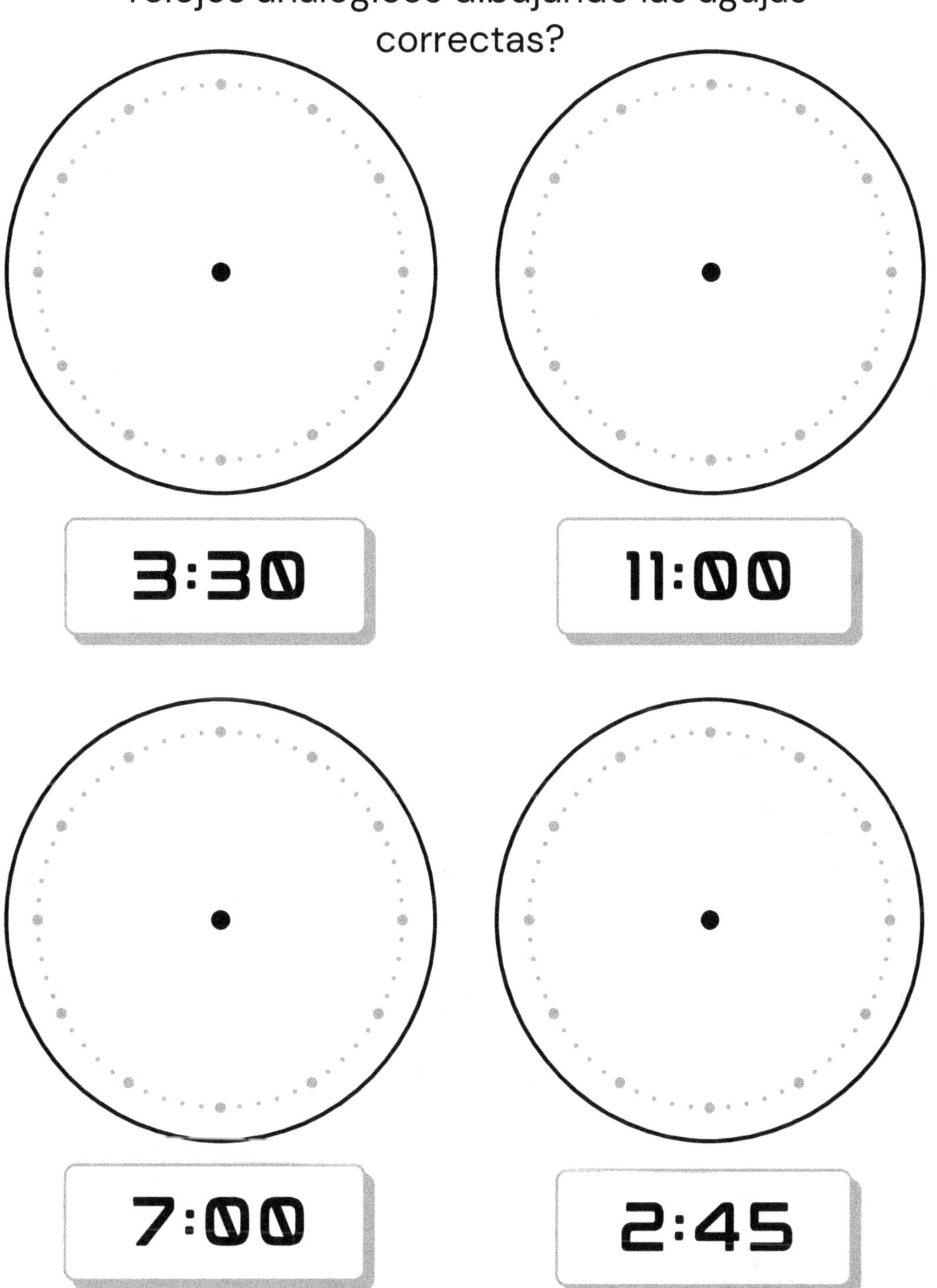

Dibuja la aguja de las horas y los minutos
en el reloj para mostrar la hora dada.

8:00   3:00    1:00

10:30    6:30    2:30

8:15    5:15    7:15

Gracias.
Esperamos que haya disfrutado
de nuestro libro
Como pequeña empresa familiar,
sus comentarios son muy
importantes para nosotros.
Por favor, háganos saber qué le
ha parecido nuestro libro en

brassroxie@gmail.com